일본어 **프리토킹** 스터디의 모델

겐코히로아키, 나라유리에, 테루야마노리모토, 윤호숙, 김희박 공저

Foreign Copyright:
Joonwon Lee
Address: 10, Simhaksan-ro, Seopae-dong, Paju-si, Kyunggi-do,
　　　　　Korea
Telephone: 82-2-3142-4151, 82-10-4624-6629
E-mail: jwlee@cyber.co.kr

## ありがとう 日本語 Free Talking Basic
## 아리가또 일본어 프리토킹 STEP ❷

2010. 5. 20. 초 판 1쇄 발행
2022. 2. 4. 초 판 6쇄 발행

저자와의
협의하에
검인생략

지은이 | 겐코히로아키, 나라유리에, 테루야마노리모토, 윤호숙, 김희박
펴낸이 | 이종춘
펴낸곳 | (주)도서출판 성안당
주소 | 04032 서울시 마포구 양화로 127 첨단빌딩 3층(출판기획 R&D 센터)
　　　 10881 경기도 파주시 문발로 112 파주 출판 문화도시(제작 및 물류)
전화 | 02) 3142-0036
　　　 031) 950-6300
팩스 | 031) 955-0510
등록 | 1973. 2. 1. 제406-2005-000046호
출판사 홈페이지 | www.cyber.co.kr
ISBN | 978-89-315-7987-1 (13730)
정가 | 15,000원

### 이 책을 만든 사람들
기획 | 최옥현
진행 | 김해영
본문 디자인 | 박정현
표지 디자인 | 박원석
홍보 | 김계향, 이보람, 유미나, 서세원
국제부 | 이선민, 조혜란, 권수경
마케팅 | 구본철, 차정욱, 나진호, 이동후, 강호묵
마케팅 지원 | 장상범, 박지연
제작 | 김유석

www.cyber.co.kr
성안당 Web 사이트

이 책의 어느 부분도 저작권자나 (주)도서출판 성안당 발행인의 승인 문서 없이 일부 또는 전부를 사진 복사나 디스크 복사 및 기타 정보 재생 시스템을 비롯하여 현재 알려지거나 향후 발명될 어떤 전기적, 기계적 또는 다른 수단을 통해 복사하거나 재생하거나 이용할 수 없음.

■ 도서 A/S 안내

성안당에서 발행하는 모든 도서는 저자와 출판사, 그리고 독자가 함께 만들어 나갑니다.
좋은 책을 펴내기 위해 많은 노력을 기울이고 있습니다. 혹시라도 내용상의 오류나 오탈자 등이 발견되면 **"좋은 책은 나라의 보배"**로서 우리 모두가 함께 만들어 간다는 마음으로 연락주시기 바랍니다. 수정 보완하여 더 나은 책이 되도록 최선을 다하겠습니다.
성안당은 늘 독자 여러분들의 소중한 의견을 기다리고 있습니다. 좋은 의견을 보내주시는 분께는 성안당 쇼핑몰의 포인트(3,000포인트)를 적립해 드립니다.
잘못 만들어진 책이나 부록 등이 파손된 경우에는 교환해 드립니다.

# 前書き

　最近の外国語教育が会話中心になされるようになったのに伴って、日本語教育も会話を中心にすることが多くなっています。その影響で日本語の会話教材が、あふれるほどにたくさん出版されました。しかし、これらの日本語教材は単純に会話のスキルだけを育てるだけで、日本人との実際のコミュニケーションができるような自由会話の運用能力の向上を成し遂げられないでいるのが現状です。また、日本語能力は多様なテーマと素材を通して体系的に、そして楽しく繰り返すという過程を経て、習得されるべきなのですが、既存の日本語会話教材は文型や文法に対する説明なしに、今まで何度も扱われてきたようなテーマで、ペアの会話練習形式をとるという、単純な構成のものでした。そのために学習者の興味を促すことができないのはもちろんのこと、体系的な会話能力や、会話の運用能力を向上させる手助けにもなってきませんでした。

　本教材はこのような問題点を改善して、体系的な文型練習を通して基礎会話能力を徹底的に身につけてから、実用的な語彙と学習者の興味を刺激できる多様なテーマで日本人との自由なコミュニケーションができる会話応用能力が育てられるよう企画されています。

　したがって、本教材は新日本語能力試験2級(N2)以上のレベルの習得を目標にして、扱っている内容もN2からN1相当レベルに向けて段階別に、上達するように構成されています。そのため「パターントレーニング」を通して、フリートーキングの構成のもとになる基本練習ができるようにしてあります。基本的な「パターン」をマスターして、それをもとに会話を構成することが、上達の第一歩です。また、ほとんどの既存の教材が古いテーマを扱っていますが、本教材では、現代日本人が日常生活の中で、最も関心を持っている最新の重要なテーマを厳選して提示し、さらにダイアローグとともにユニークで興味深いクイズを通して、学習者の関心を喚起するようにしてあります。さらに、フリートーキングでは、各課のテーマと関連づけて2つの異なる立場の文章を提示し、その違いを読み取ってから、自分の意見や感想を自由に発表できるようにして、表現力を育てていきます。

　この他にも、基本文型をもとに、練習会話と応用会話、さらに会話のキーワードやボキャブラリーを補充し、より幅のある会話ができるようにしてあります。これを通してJF日本語教育スタンダードの目指す「相互理解のための日本語」の構成要素である「課題遂行能力」、「異文化理解能力」や新日本語能力試験が要求している「課題遂行のための言語コミュニケーション能力」を身につけることができるようになります。

　本教材が完成するまで、ご尽力くださったNihongo Factoryの方々をはじめとする関係者の皆様に心から感謝申し上げます。

2010年 5月 1日

著者一同

# この本の構成と特徴

　実際に現場で日本語を教えている現職の大学講師と日本人大学講師とが執筆に参加しました。日本語の会話指導の際に苦労する点や従来のテキストの改善すべき点を十分に話し合った末に誕生した「ありがとう日本語フリートーキングSTEP2」は、流暢な会話を目標とする学習者はもちろん、様々な現場で日本語会話を指導なさっている先生方の力にもなれる教材です。
　それでは、この本の構成と特徴について見ていきましょう。

❶「ありがとう日本語フリートーキングSTEP2」は日常よく登場し、会話の素材となりうる全18個のテーマをもって、会話本文を構成しています。本文の会話を通して、日本の文化と生き生きとした会話に必要な表現が学習できます。

❸「クイズ」は本文の内容確認、及び日本文化に対するいくつかのクイズができるようになっています。言語の学習において必要な日本文化を楽しく学習することができます。他のどの本にもこのようなコーナーは見当たらないでしょう！

❷「語句」の欄では、学習効果を高めるために、そのコーナーで提示された単語や表現を余すところなく整理しました。

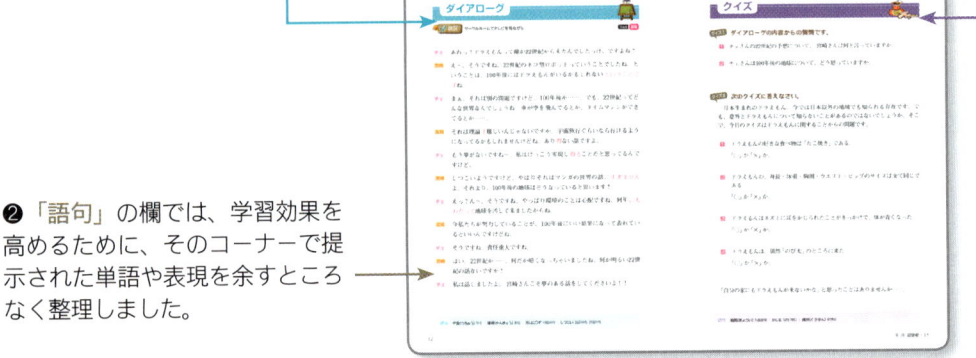

❹「パターントレーニング」では本文で提示された文型を会話に応用できるように文型の基本練習を設けました。この基本練習を十分に行えば、会話の際にその文型を使った表現が自然と口から出てくるようになるでしょう。

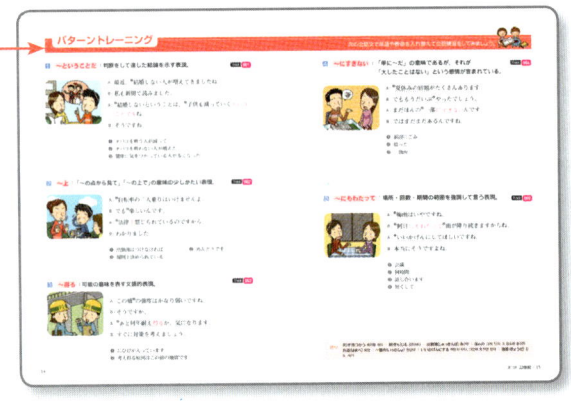

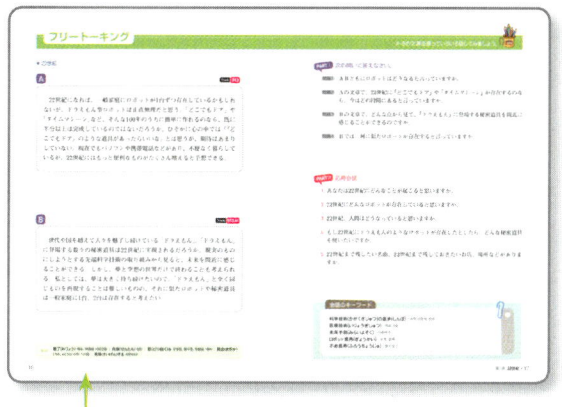
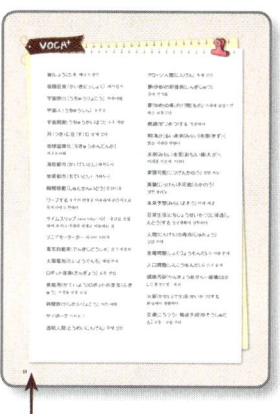

❺ 「フリートーキング」ではテーマに沿った意見文を提示し、討論できるように構成しました。他の人の意見を聞き、自分の意見を話す過程を通して、会話することに積極的になることがこのコーナーの目標です。

❻ 「VOCA+」は各課のテーマで会話をする際に必要な語彙を整理したものです。会話を広げていく上で必要な単語ですので、熟知しておくと役に立つでしょう。

❼ 10課と20課の「自由会話」は、学習者のみなさんの実力を十分に発揮できるコーナーです。学習した表現や語句を使って、会話練習をしてみましょう。

❽ 最後の「付録」では、「本文」と「パターントレーニング」の訳文、「クイズ」の正解、「フリートーキング」の模範解答が収録されています。

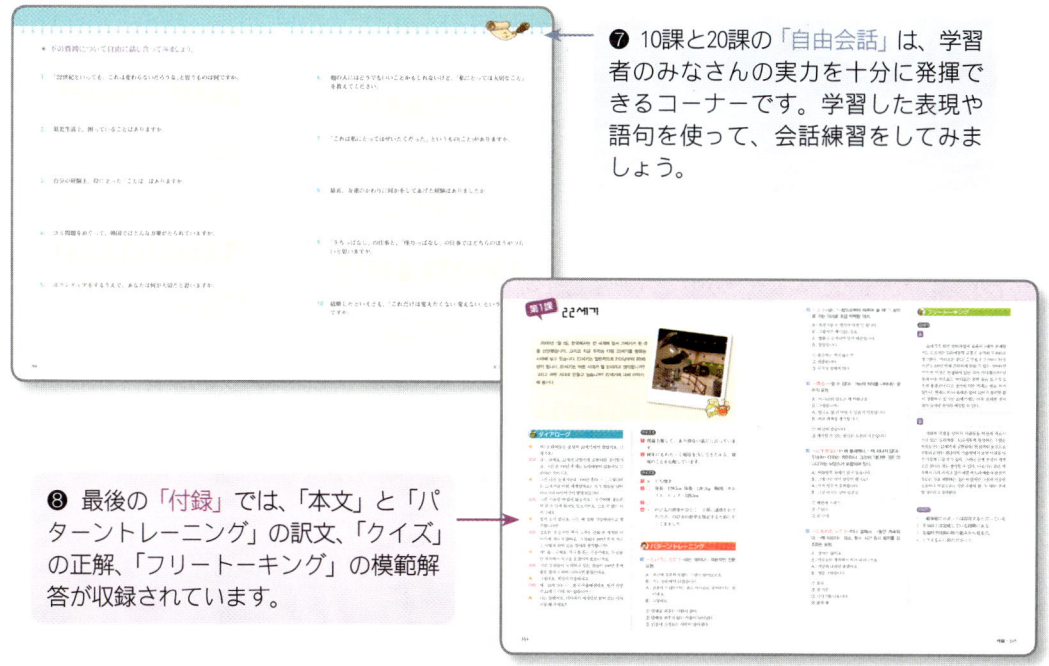

❾ 本文の内容は、ネイティブスピーカーの臨場感あふれる会話を聞いてリピートできるように録音してあります。MP3を活用すれば、聞くことはもちろん話す練習もでき、より効果的な学習が期待されます。

# 目次

### 第1課　22世期　　11
1. ～ということだ
2. ～上
3. ～得る
4. ～にすぎない
5. ～にもわたって

### 第2課　私の好きなことば　　19
1. ～げ
2. ～てならない
3. ～をめぐって
4. ～以上
5. ～ことなく

### 第3課　ボランティア　　27
1. ～にとっては
2. ～せいか
3. ～かのように
4. ～といえども
5. ～ないことはない

### 第4課　私のぜいたく　　35
1. ～ながら
2. ～というものでもない
3. ～ものがある
4. ～かわりに
5. ～にしたがって

### 第5課　もったいない　　43
1. ～っぱなし
2. ～とともに
3. ～ばかりか
4. ～てしょうがない
5. ～ない限り

### 第6課　結婚　　51
1. ～から～にかけて
2. ～を～とした
3. ～に限る
4. ～かねる
5. ～たところ

### 第7課　20代と30代と40代　　59
1. ～を契機に
2. ～一方で
3. ～に加え
4. ～につけて
5. ～と思ったら

### 第8課　思いやり　　67
1. ～も～ば、～も～
2. ～もかまわず
3. ～くせに
4. ～ないではいられない
5. ～というものだ

### 第9課　人間観察　　75
1. ～に違いない
2. ～か～ないかのうちに
3. ～わりに
4. ～からすると
5. ～ことに

### 第10課　自由会話　　83

### 第11課　今日の運勢　87
1. ～わけだ
2. ～に限って
3. ～にほかならない
4. ～ことだ
5. ～のあまり

### 第12課　地震　95
1. ～に越したことはない
2. ～ことから
3. ～において
4. ～際
5. ～に先立って

### 第13課　ライバル　103
1. ～ばこそ
2. ～すら
3. ～つ～つ
4. ～なくして
5. ～てまで

### 第14課　一人暮し　111
1. ～をもとに
2. ～に反して
3. ～(よ)うが
4. ～ようがない
5. ～にかわって

### 第15課　田舎の暮らし　119
1. ～ぬきには
2. ～はもとより
3. ～からみると
4. ～向き
5. ～といい、～といい

### 第16課　勝負服　127
1. ～ぬく
2. ～てはじめて
3. ～に従って
4. ～ことになっている
5. ～ようにも～ない

### 第17課　ペット　135
1. ～最中に
2. ～ふりをする
3. ～じゃあるまいし
4. ～たびに
5. ～に基づいて

### 第18課　やりがい　143
1. ～かいは(が)ある
2. ～にもまして
3. ～たところで
4. ～によって
5. ～なりに

### 第19課　帰国　151
1. ～に際し
2. ～をもまして
3. ～をはじめ
4. ～のみならず
5. ～次第

### 第20課　自由会話　159

### 付録　163
ダイアローグの訳文
クイズの正解
パターントレーニングの訳文
フリートーキングの訳文
E-BOOK CDの使い方

# 登場人物

チョン ジヨン(35歳)：日本の「ありがとう出版社」で働いている。ユーモアがあるので会社での人気者。

青木恵(あおき めぐみ)(29歳)：「ありがとう出版社」に勤めている。真面目な性格。

斉藤誠(さいとう まこと)(35歳)：会社でチョンさんと良いライバル関係。「ありがとう出版社」に欠かせない存在。

田村陽子(たむら ようこ)(43歳)：「ありがとう出版社」の先輩。

チェ セジュン(21歳)：日本政府の国費留学生に選ばれ、現在日本に留学中。

宮崎愛(みやざき あい)(20歳)：思ったことをはっきり言うタイプ。チェと同じ大学。サークルも同じ。

井上健一(いのうえ けんいち)(21歳)：九州出身でチェと同じ東京の大学に通っている。チェ、宮崎と同じサークルの部長。

# 第1課
# 22世紀

　2000年1月1日、韓国では世界に先がけて21世紀になったことを宣言しました。そして、今私たちは次の22世紀に向かう時代を生きています。22世紀は、一般的には2101年から2200年になります。22世紀はどんな時代になると思いますか。それから、どんな時代にしたいですか。22世紀について話してみましょう。

語句　先(さき)がける 앞서다 ｜ 宣言(せんげん) 선언 ｜ 一般的(いっぱんてき) 일반적

# ダイアローグ

 サークルルームでテレビを見ながら

チェ　あれっ？ドラえもんって確か22世紀から来たんでしたっけ。ですよね？

宮崎　え～、そうですね、22世紀のネコ型ロボットっていうことでしたね。ということは、100年後にはドラえもんがいるかもしれないということですね。

チェ　まぁ、それは別の問題ですけど。100年後か……。でも、22世紀ってどんな世界なんでしょうね。車が空を飛んでるとか、タイムマシンができてるとか……。

宮崎　それは理論上難しいんじゃないですか。宇宙旅行ぐらいなら行けるようになってるかもしれませんけどね。あり得ない話ですよ。

チェ　もう夢がないですね～。私はけっこう実現し得ることだと思ってるんですけど。

宮崎　しつこいようですけど、やはりそれはマンガの世界の話にすぎませんよ。それより、100年後の地球はどうなっていると思います？

チェ　えっ？ん～、そうですね、やっぱり環境のことは心配ですね。何年にもわたって地球を汚して来ましたからね。

宮崎　今私たちが努力していることが、100年後にいい結果になって表れているといいんですけどね。

チェ　そうですね。責任重大ですね。

宮崎　はい。22世紀か……、何だか暗くなっちゃいましたね。何か明るい22世紀の話ないですか？

チェ　私は話しましたよ。宮崎さんこそ夢のある話をしてくださいよ！！

語句　宇宙(うちゅう) 우주 ｜ 環境(かんきょう) 환경 ｜ 汚(よご)す 더럽히다 ｜ しつこい 집요하다, 끈질기다

# クイズ

**クイズI** ダイアローグの内容からの質問です。

1. チェさんの22世紀の予想について、宮崎さんは何と言っていますか。

2. チェさんは100年後の地球について、どう思っていますか。

**クイズII** 次のクイズに答えなさい。

　日本生まれのドラえもん。今では日本以外の地域でも知られる存在です。でも、意外とドラえもんについて知らないことがあるのではないでしょうか。そこで、今日のクイズはドラえもんに関することからの問題です。

1. ドラえもんの好きな食べ物は「たこ焼き」である。
　「○」か「×」か。

2. ドラえもんの、身長・体重・胸囲・ウエスト・ヒップのサイズは全て同じである。
　「○」か「×」か。

3. ドラえもんはネズミに耳をかじられたことがきっかけで、体が青くなった。
　「○」か「×」か。

4. ドラえもんは、偶然「のび太」のところに来た。
　「○」か「×」か。

「自分の家にもドラえもんが来ないかな」と思ったことはありませんか……。

**語句** 胸囲(きょうい) 가슴둘레 ｜ かじる 갉아 먹다 ｜ 偶然(ぐうぜん) 우연히

# パターントレーニング

## 1 〜ということだ ：判断をして達した結論を示す表現。

A: 最近、①結婚しない人が増えてきましたね。
B: 私も新聞で読みました。
A: ②結婚しないということは、③子供も減っていくということですね。
B: そうですね。

① タバコを吸う人が減って
② タバコを吸わない人が増えた
③ 健康に気をつかっている人が多くなった

## 2 〜上 ：「〜の点から見て」「〜の上で」の意味の少しかたい表現。

A: ①自転車の二人乗りはいけませんよ。
B: でも②楽しいんです。
A: ③法律上禁じられているのですから。
B: わかりました。

① 出勤簿はつけなければ
② めんどうです
③ 規則上決められている

## 3 〜得る ：可能の意味を表す文語的表現。

A: この橋①の強度はかなり弱いですね。
B: そうですか。
A: ②あと何年耐え得るか、気になります。
B: すぐに対策を考えましょう。

① にひびが入っています
② 考え得る原因はこの前の地震です

次の会話文で単語や表現を入れ替えて会話練習をしてみましょう。

## 4 〜にすぎない ： 「単に〜だ」の意味であるが、それが「大したことはない」という感情が含まれている。

Track 005

A: ❶夏休みの宿題がたくさんあります。
B: でももうだいぶ❷やったでしょう。
A: まだほんの❸一部にすぎないんです。
B: ではまだまだあるんですね。

❶ 浜辺にごみ
❷ 拾った
❸ 一箇所

## 5 〜にもわたって ： 場所・回数・期間の範囲を強調して言う表現。

Track 006

A: ❶梅雨はいやですね。
B: ❷何日にもわたって❸雨が降り続きますからね。
A: ❹いいかげんにしてほしいですね。
B: 本当にそうですよね。

❶ 会議
❷ 何時間
❸ 話し合います
❹ 短くして

語句 気(き)をつかう 배려를 하다 ｜ 禁(きん)じる 금지하다 ｜ 出勤簿(しゅっきんぼ) 출근부 ｜ ほんの 그저, 단지 그 정도에 불과한 ｜ 浜辺(はまべ) 해변 ｜ 一箇所(いっかしょ) 한군데 ｜ いいかげんにする 적당히 하다, 그만해 줬으면 하다 ｜ 強度(きょうど) 강도, 세기

# フリートーキング

 22世紀

### A　Track 007

　22世紀になれば、一般家庭にロボットが1台ずつ存在しているかもしれないが、ドラえもん型ロボットは正直無理だと思う。「どこでもドア」や「タイムマシーン」など、100年のうちに簡単に作れるのなら、既に半分以上は完成しているのではないだろうか。ひそかに心の中では「『どこでもドア』のような道具があったらいいな」とは思うが、期待はあまりしていない。現在でもパソコンや携帯電話などがあり、不便なく暮らしているが、22世紀にはもっと便利なものがたくさん増えると予想できる。

### B　Track 008

　世代や国を越えて人々を魅了し続けている「ドラえもん」。「ドラえもん」に登場する数々の秘密道具は22世紀に実現されるだろうか。現実のものにしようとする先端科学技術の取り組みから見ると、未来を間近に感じることができる。しかし、夢と空想の世界だけで終わることも考えられる。私としては、夢は大きく持ち続けたいので、「ドラえもん」と全く同じものを再現することは難しいものの、それに似たロボットや秘密道具は一般家庭に1台、2台は存在すると考えたい。

---

**語句** 　魅了(みりょう) 매료, 마음을 사로잡음 | 先端(せんたん) 첨단 | 取(と)り組(く)み 분발함, 몰두함, 맞붙음, 대처 | 間近(まぢか) (거리, 시간이) 아주 가까움 | 再現(さいげん)する 재현하다

### A・Bの文章を使っていろいろ話してみましょう。

**PART I** 次の問いに答えなさい。

問題1　A・Bともにロボットはどうなると言っていますか。

問題2　Aの文章で、22世紀に「どこでもドア」や「タイムマシーン」が存在するのなら、今はどの段階にあると言っていますか。

問題3　Bの文章で、どんな点から見て、「ドラえもん」に登場する秘密道具を間近に感じることができるのですか。

問題4　Bでは、何に似たロボットが存在すると言っていますか。

**PART II** 応用会話

1. あなたは22世紀にどんなことが起こると思いますか。

2. 22世紀にどんなロボットが存在していると思いますか。

3. 22世紀、人間はどうなっていると思いますか。

4. もし22世紀にドラえもんのようなロボットが存在したとしたら、どんな秘密道具を使いたいですか。

5. 22世紀まで残したい名曲、22世紀まで残しておきたいお店、場所などがありますか。

### 会話のキーワード

- 科学技術(かがくぎじゅつ)の進歩(しんぽ) : 과학기술의 진보
- 医療技術(いりょうぎじゅつ) : 의료기술
- 未来予測(みらいよそく) : 미래예측
- ロボット業界(ぎょうかい) : 로봇 업계
- 不老長寿(ふろうちょうじゅ) : 불로장수

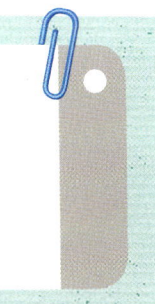

# VOCA+

- 省(しょう)エネ 에너지 절약
- 皆既日食(かいきにっしょく) 개기일식
- 宇宙旅行(うちゅうりょこう) 우주여행
- 宇宙人(うちゅうじん) 우주인
- 宇宙開発(うちゅうかいはつ) 우주 개발
- 月(つき)に住(す)む 달에 살다
- 地球温暖化(ちきゅうおんだんか) 지구온난화
- 海底都市(かいていとし) 해저도시
- 地底都市(ちていとし) 지하도시
- 瞬間移動(しゅんかんいどう) 순간이동
- ワープする 우주의 변형을 이용하여 순간적으로 목적지에 도착하다
- タイムスリップ (time+slip) 시간・공간을 초월하여 과거나 미래의 세계로 이동하는 것
- リニアモーターカー 리니어 모터카
- 電気自動車(でんきじどうしゃ) 전기 자동차
- 太陽電池(たいようでんち) 태양전지
- ロボット産業(さんぎょう) 로봇 산업
- 家庭用(かていよう)ロボットの普及(ふきゅう) 가정용 로봇 보급
- 時間旅行(じかんりょこう) 시간 여행
- サイボーグ 사이보그
- 透明人間(とうめいにんげん) 투명 인간
- クローン人間(にんげん) 복제 인간
- 夢(ゆめ)の新技術(しんぎじゅつ) 꿈의 신기술
- 夢(ゆめ)の乗(の)り物(もの) 미래에 있었으면 하는 교통수단
- 絶滅(ぜつめつ)する 멸종하다
- 明(あか)るい未来(みらい)を築(きず)く 밝은 미래를 만들다
- 未来(みらい)を思(おも)い描(えが)く 미래를 마음에 그리다
- 実現可能(じつげんかのう) 실현 가능
- 実験不可能(じっけんふかのう) 실현 불가능
- 未来予想(みらいよそう) 미래 예상
- 日常生活(にちじょうせいかつ)に浸透(しんとう)する 일상생활에 침투하다
- 人間(にんげん)の寿命(じゅみょう) 인간 수명
- 食糧問題(しょくりょうもんだい) 식량 문제
- 人口問題(じんこうもんだい) 인구 문제
- 環境汚染(かんきょうおせん)・破壊(はかい) 환경오염・파괴
- 火星(かせい)で生活(せいかつ)する 화성에서 생활하다
- 交通(こうつう)・輸送手段(ゆそうしゅだん) 교통・수송 수단

# 第2課
# 私の好きなことば

　ことばには、心を冷たくすることばと心を温かくすることばがあります。悲観的なことば、人を責めることばは相手だけでなく、自分の心も冷たくします。反対に、明るいことば、感謝のことば、相手をほめることばを口にすると、自分も相手も心が温かくなります。いやなことがあって、冷たく固くなった心にも、ことばという光が少しずつ平安と熱をくれます。

**語句** 悲観的(ひかんてき)だ 비관적이다 ｜ 人(ひと)を責(せ)める 사람을 나무라다 ｜ 固(かた)い 딱딱하다, 완고하다

# ダイアローグ

 **状況** 昼休みの社内、同僚と話すチョンさんを見て

 Track 009

**青木** チョンさんって、いいですね。ああやっていつもみんなと楽し げにおしゃべりして。私、チョンさんがうらやましく てなりません よ。

**斉藤** どうしたんですか。元気ないですね。何か悩みでもあるんですか。

**青木** 実は、今度のプロジェクト をめぐって、みんなと意見が対立してしまって……。それで、このプロジェクトから抜けようかと……。

**斉藤** そうだったんですか。そのプロジェクトにはもう参加したくないんですか。

**青木** いいえ。これは私が提案したものですし、一度かかわった 以上、最後までやりたいと思っています。

**斉藤** だったら、続けるべきですよ。私も悩んだり、迷ったりすることがあります。でも、そんな時、私はあることばを思い出すようにしてるんです。

**青木** あることば……ですか。それって、斉藤さんの好きなことばですか。

**斉藤** そうです。『前へ』っていうことばなんですけどね。シンプルでしょ。スポーツをやってた時から、迷った時にいつも自分に言い聞かせて来たんです。

**青木** 『前へ』か……。本当、シンプルですけど、何だか勇気が出て来ることばですね。横でも、後ろでもなく、前へ進むんですよね。

**斉藤** そうです。後ろに下がってはいけません。そして、立ち止まる ことなく、『前へ』です。悩んだり迷ったりした時は思い出してみてください。次の一歩が前へ出ますよ。

---

**語句** おしゃべりする 수다를 떨다 | プロジェクト 프로젝트 | かかわる 관계가 있다, 상관하다 | 言(い)い聞(き)かせる 타이르다, 훈계하다 | 立(た)ち止(ど)まる 멈춰 서다

# クイズ

**クイズⅠ** ダイアローグの内容からの質問です。

1. 青木さんはどうして元気がないのですか。

2. 斉藤さんは、悩んだりした時、どうしていますか。


**クイズⅡ** 次のクイズに答えなさい。

　世界には多くの「ことわざ・格言」があり、それを「私の好きなことば」にしている人もいるのではないでしょうか。落ち込んだ時、悩んでいる時に思い出すと勇気、元気が出て来ますね。さて、今日はそんな「ことわざ・格言」からの問題です。□□□の中から言葉を選んで＿＿＿に入れてください。

1. 明日は明日の＿＿＿＿＿＿＿＿＿＿＿＿＿＿＿

2. 失敗は＿＿＿＿＿＿＿＿＿＿＿＿＿＿＿＿＿＿

3. 千里の道も＿＿＿＿＿＿＿＿＿＿＿＿＿＿＿＿

4. ちりも積もれば＿＿＿＿＿＿＿＿＿＿＿＿＿＿

| 山となる　　成功のもと　　一歩から　　福来る　　風が吹く |
|---|

いかがですか。勇気が出る「ことわざ・格言」はありましたか。

# パターントレーニング

**1 〜げ**：「そのような様子である」の意味。　Track 010

A: ❶春はいいですね。

B: 公園の❷子供も気持ち良さげに遊んでいます。

A: これから❸花も咲き始めますね。

B: ぜひ❹花見に行きたいですね。

❶ 秋　　　　　　　　　　　❷ 木の葉も寂しげに散っています
❸ 紅葉が本格的に始まりますね　❹ 紅葉狩り


**2 〜てならない**：押さえられないほどに、非常にその感情が強いことを表す表現。　Track 011

A: ❶失恋しました。

B: それはお気の毒に。

A: ❷会いたくてならないんです。

B: そうですよね。その気持ち、よくわかります。

❶ 母が亡くなりました　　　❷ さびしくて


**3 〜をめぐって**：「あることがらを中心として、その周辺で起きていることについて」の意味で、後ろには「話し合う・討論する」のような語が来る。　Track 012

A: ❶寄付金の使い道をめぐって話し合いました。

B: それで決まりましたか。

A: はい。❷コンピューターを買うことになりました。

B: それはいいですね。

❶ ごみ問題
❷ 細かく分別する

次の会話文で単語や表現を入れ替えて会話練習をしてみましょう。

## 4 ～以上 ： 原因・理由を意味するが、後ろには義務・意志が表される。

Track 013

A: ①エレクトーン教室に通っています。
B: どうですか。
A: ②難しくてやめたくなりました。
B: ③通い始めた以上、④一年はやった方がいいですよ。

① アロマ教室
② 楽しいし、先生も美人ですよ
③ それを聞いた
④ 私も始めないといけませんね

## 5 ～ことなく ： 「～ないで」の意味だが、書きことばに多く使われるややかたい表現。

Track 014

A: 何をしているんですか。
B: ①インターネットショッピングですよ。
A: よく利用するんですか。
B: ええ。②家から出ることなく③買い物ができますからね。

① 個室のあるレストランを探しているん
② 周りを気にする
③ 話

語句　紅葉狩(もみじがり) 단풍놀이 ｜ 気(き)の毒(どく) 딱함, 불쌍함 ｜ 失恋(しつれん)する 실연하다 ｜ 寄付金(きふきん) 기부금 ｜ 使(つか)い道(みち) 용도 ｜ エレクトーン 전자 오르간 ｜ 通(かよ)う 다니다, 왕래하다

# フリートーキング

● 私の好きなことば

**A**  Track 015

　私の好きなことばは、「一期一会」です。「あなたとこうして出会っているこの時間は、二度と巡っては来ないたった一度きりのものです。だから、この一瞬を大切に思い、今出来る最高のおもてなしをしましょう。」という意味で、茶道の第一の心得だそうです。「出会った分だけ別れがある」ということばもありますが、別れを辛いものにしないように、一つ一つの出会いを大切に、感謝していけたらいいなと思います。出会った人を裏切りたくない、大切にしたいという思いから「一期一会」を選びました。

**B**  Track 016

　「ありがとう」は私の好きなことばの中の一つです。このことばは、相手に好意を抱いていないと、出てきません。このことばを聞いて嫌な気持ちになる人はいないのではないでしょうか。このことばの中には、感謝の気持ちはもちろん、優しさや、尊敬、いたわりの気持ちなど、たくさんの意味が含まれていると思います。素直に「ありがとう」とだれに対しても気持ちよく言える人って素敵だと思います。何気なく使っている言葉ですが、この一言で、多くの人が幸せな気持ちになっているのです。

**語句** 一期一会(いちごいちえ) 단 한번의 기회, 일생에 한번만 만나는 인연 | 一度(いちど)きり 한 번만 | もてなし 대접, 대우 | 茶道(さどう) 다도 | 心得(こころえ) 마음가짐 | 辛(つら)い 괴롭다 | 裏切(うらぎ)る 배반하다 | いたわり 위로함, 수고, 공로 | 素直(すなお) 솔직함, 고분고분함 | 何気(なにげ)なく 아무렇지도 않게

A・Bの文章を使っていろいろ話してみましょう。

**PART I** 次の問いに答えなさい。

問題1　Aの「一期一会」の意味を簡潔に表すとどうなりますか。

問題2　Aの「一期一会」は何の心得ですか。

問題3　Aはなぜ「一期一会」ということばを選んだと言っていますか。

問題4　Bの「ありがとう」という言葉は、何を抱いていないと出てこないと言っていますか。

問題5　Bの「ありがとう」にはどんな意味が含まれていますか。

**PART II** 応用会話

1. あなたの好きなことばは何ですか。それはどうしてですか。
2. 人から言われてうれしかったことばはありますか。どんなことばで、どんな気持ちになりましたか。
3. 人を幸せにすることばをいくつか言ってみましょう。
4. あなたの嫌いなことばは何ですか。それはどうしてですか。
5. クラスメートの好きなことば、座右の銘、嫌いなことばを聞いて、意見を言ってみましょう。

**会話のキーワード**

- **四字熟語(よじじゅくご)**
  - 以心伝心(いしんでんしん)：이심전심(마음과 마음이 서로 통함)
  - 日進月歩(にっしんげっぽ)：일진월보(나날이 발전함)
  - 温故知新(おんこちしん)：온고지신(옛 것을 익혀 새것을 앎)
  - 一心不乱(いっしんふらん)：일심불란(한가지 일에만 골몰함)
  - 座右(ざゆう)の銘(めい)：좌우명

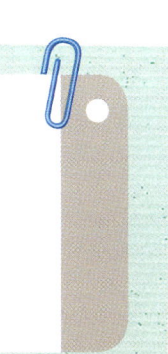

# VOCA+

- ☐ 切磋琢磨(せっさたくま) 절차탁마
- ☐ 一致団結(いっちだんけつ) 일치단결
- ☐ 真剣勝負(しんけんしょうぶ) 진검승부
- ☐ 七転八起(しちてんはっき) 칠전팔기
- ☐ 内剛外柔(ないごうがいじゅう) 외유내강
- ☐ 真実一路(しんじついちろ) 진실일로
- ☐ 誠心誠意(せいしんせいい) 성심성의
- ☐ 文武両道(ぶんぶりょうどう) 문무양도
- ☐ 不言実行(ふげんじっこう) 불언실행
- ☐ 急(いそ)がば回(まわ)れ 급할수록 돌아가라
- ☐ 善(ぜん)は急(いそ)げ 쇠뿔은 단김에 빼라
- ☐ 知(し)らぬが仏(ほとけ) 모르는 게 약이다
- ☐ 石(いし)の上(うえ)にも3年(ねん) 어떤 일이든지 끈기있게 참고 하면 보상을 받는다
- ☐ 井(い)の中(なか)の蛙(かわず)大海(たいかい)を知(し)らず 우물 안 개구리 세상 넓은 줄 모른다
- ☐ 明日(あした)は明日(あした)の風(かぜ)が吹(ふ)く 내일은 내일의 바람이 분다
- ☐ 犬(いぬ)も歩(ある)けば棒(ぼう)にあたる 돌아 다니다 뜻하지 않은 행운을 만난다, 주제넘게 굴면 봉변을 당한다
- ☐ 上(うえ)には上(うえ)がある 뛰는 놈 위에 나는 놈 있다
- ☐ 思い立ったが吉日(きちじつ) 어떤 일이든 결심하면 너무 생각하지 말고 바로 실행하는 편이 좋다
- ☐ 終(お)わり良(よ)ければすべて良(よ)し 끝이 좋다면 모두 좋다
- ☐ かわいい子(こ)には旅(たび)をさせよ 자식이 소중하다고 과보호 하지 말고 부모곁을 떠나 힘든 여행을 시키는 것이 세상 물정을 알게 하는 가장 좋은 교육이다라는 의미
- ☐ 聞くは一時(いっとき)の恥(はじ) 묻는 것은 한 때의 부끄러움
- ☐ 言うは易(やす)く行うは難(かた)し 말하는 것은 쉽고 행동하는 것은 어렵다
- ☐ 早起(はやお)きは三文(さんもん)の徳(とく) 부지런하면 어떻게든 이득이 있다
- ☐ 習(なら)うより慣(な)れよ 배우는 것보다 익숙해져라
- ☐ 負(ま)けるが勝(か)ち 지는 것이 이기는 것
- ☐ 能(のう)ある鷹(たか)は爪(つめ)を隠(かく)す 벼는 익을수록 고개를 숙인다
- ☐ 論(ろん)より証拠(しょうこ) 말 보다 증거가 중요
- ☐ 若(わか)い時(とき)の苦労(くろう)は買(か)ってもせよ 젊을 때의 고생은 사서라도 해라
- ☐ 禍(わざわい)を転(てん)じて福(ふく)となす 전화위복
- ☐ 笑(わら)う門(かど)には福(ふく)来(きた)る 소문만복래
- ☐ 千里(せんり)の道も一歩(いっぽ)から 천리 길도 한 걸음부터
- ☐ 求(もと)めよ、さらば与(あた)えられん 구하라 그러면 주어진다

# 第3課
# ボランティア

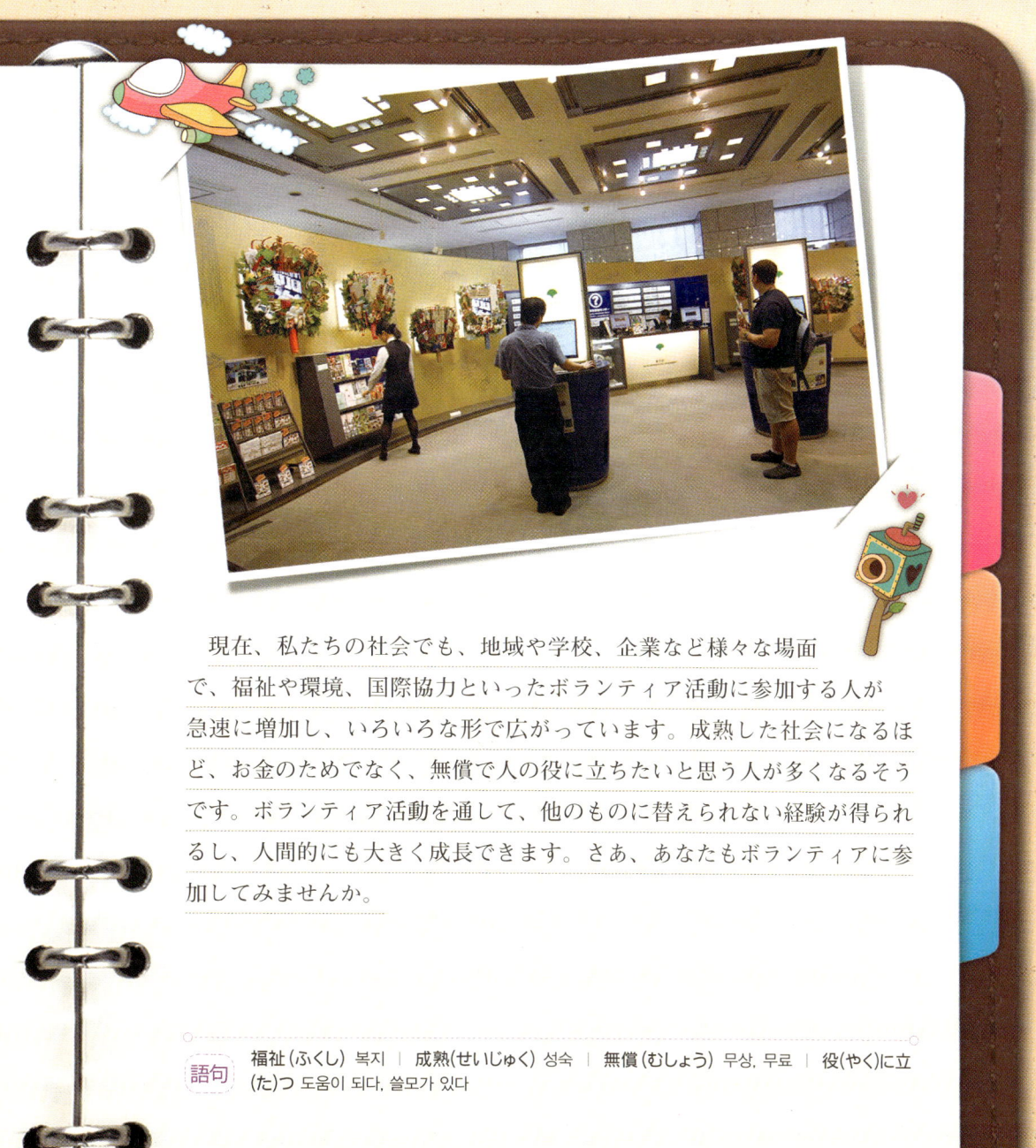

　現在、私たちの社会でも、地域や学校、企業など様々な場面で、福祉や環境、国際協力といったボランティア活動に参加する人が急速に増加し、いろいろな形で広がっています。成熟した社会になるほど、お金のためでなく、無償で人の役に立ちたいと思う人が多くなるそうです。ボランティア活動を通して、他のものに替えられない経験が得られるし、人間的にも大きく成長できます。さあ、あなたもボランティアに参加してみませんか。

**語句** 福祉(ふくし) 복지 | 成熟(せいじゅく) 성숙 | 無償(むしょう) 무상, 무료 | 役(やく)に立(た)つ 도움이 되다, 쓸모가 있다

# ダイアローグ

 サークルルームでミーティング中

井上 では、そろそろミーティングを始めましょう。では、昨日の日本語勉強会のことからいきましょうか。いかがですか。

宮崎 そうですね、昨日は日本人大学生のボランティアの半数が何の連絡もなく休んだので、正直、困りました。予定を変更せざるを得なくなりましたからね。

チェ ええ、週一回の会話クラスですから、勉強に来る方にとっては、非常に貴重な時間なんですけどね。

宮崎 全くその通りです。それに、来てくれたとしても、年齢が近いせいか、まるで遊びにでも来たかのようにずっとおしゃべりを続けている人もいたんですよ。

井上 そうでしたね。勉強に来て下さった方には本当に申し訳なかったですね。どうしましょうね。あくまでもボランティアですからね、あまり強くは言えないところもありますね。

宮崎 いえ、しかし、ボランティアといえども、引き受けた以上は、責任を持ってやってもらわないと困りますよ。最低限の責任はあると思います。

井上 確かにそうですね。来週はチェさん、韓国語勉強会でボランティアが必要なんですが、どなたかご存知ないですか。

チェ え〜、何人かいますよ。みんな忙しいと思いますが、頼めば来てくれないことはないと思います。みんな信頼できる人たちです。

井上 そうですか、それはありがたいですね。しかし、昨日の学生にはどうやったらボランティアというものがわかってもらえるんでしょうね。

---

**語句** 最低限(さいていげん) 최저한 | 引(ひ)き受(う)ける 맡다, 인수하다 | 〜ざるを得(え)ない 〜하지 않을 수 없다

# クイズ

**クイズⅠ** ダイアローグの内容からの質問です。

1. ボランティアに来てくれた人には、どんな問題がありましたか。

2. 宮崎さんは、ボランティアの責任について、どうだと言っていますか。


**クイズⅡ** ＿＿＿＿＿＿に入ることばを考えてみましょう。

　日本には、「青年海外協力隊」という海外ボランティアを行う事業があります。1965年に始まり、これまでに3万人を超える人々がボランティアとして事業に参加したそうです。そこで、今日のクイズは、この「青年海外協力隊」からの問題です。「○」か「×」でお答えください。

1. 日本語教師の派遣がある。
「○」か「×」か。

2. 自動車整備の派遣はない。
「○」か「×」か。

3. 生け花での派遣はこれまでになかった。
「○」か「×」か。

4. 野球での派遣はない。
「○」か「×」か。

5. 相撲でも派遣されたことがある。
「○」か「×」か。


あなたは国際ボランティアに関心がありますか。

第3課 ボランティア・29

# パターントレーニング

**1　〜にとっては**　：「〜の観点・立場に立って言えば」の意味。　Track 018

A: ❶きれいな指輪ですね。
B: ❷母からもらいました。
A: そうですか。
B: ❸私にとっては❹一番の宝物なんです。

❶ かわいい赤ちゃん　　❷ はじめての子供なんです
❸ 私達　　❹ 目の中に入れても痛くない子


**2　〜せいか**　：理由・原因を表すが、その理由や原因がはっきりとは　Track 019
　　　　　　　わからない場合に使う。

A: 昨日❶うちの近くで火事があったんですよ。
B: そうですか。
A: ❷木造アパートのせいか❸とても早く全焼しました。
B: それは大変でしたね。

❶ 韓国料理を食べたん　　❷ にんにくと唐辛子
❸ お腹が痛くなってしまいました


**3　〜かのように**　：「実際はそうではないが、まるで〜のように」　Track 020
　　　　　　　　　という意味を表す。

A: 昨日、家に帰ったら、まるで❶どろぼうでも入ったかのように❷おもちゃが散らかっていました。
B: 子供達がしたんですか。
A: はい。最近❸いたずら好きで困っています。
B: それは❹大変ですね。

❶ 魔法でもかけた　　❷ 部屋が片付いて
❸ よく手伝ってくれるんです　　❹ うらやましい

### 4 〜といえども : 逆接条件で、普通ならそのようにするだろうという予想に反したことを述べるときに使う改まった表現。

Track 021

A：昨日、①彼女とけんかをしました。
B：聞きました。②あなたの親友が心配していましたよ。
A：③親友といえどもそこまで④介入してほしくないですね。
B：そうですか。でも、あなたのためを思っていることだけはわかってあげてくださいね。

① 彼と飲みに行きました
② お母さん
③ 母
④ 口出し

### 5 〜ないことはない : 断定を避ける言い方で、可能性はあるが、問題も多い場合に使う。

Track 022

A：この仕事をやってほしいんですが。
B：①難しいですね。
A：できそうもないですか。
B：でも、②やってやれないことはないと思います。

① こんな企画は無理だと思います
② 資金さえあれば希望が

---

**語句** 宝物(たからもの) 보물 | 散(ち)らかる 흩어지다 | 魔法(まほう) 마법 | 片付(かたづ)く 정리되다, 처리되다 | 木造(もくぞう) 목조 | 全焼(ぜんしょう) 전소 | 唐辛子(とうがらし) 고추 | 介入(かいにゅう)する 개입하다 | 口出(くちだ)し 말참견

第3課 ボランティア・31

## フリートーキング

● ボランティア活動体験談

### A

Track 023

　私は大学生の時、留学生と市民の交流を進めるイベントにボランティアとして参加しました。昔から国際交流に興味を持っていたことから、外国人と触れ合えるチャンスだと思い、申し込みました。30名の留学生と市民が楽しく集うイベントは無事、大成功に終わりました。お互いに名前も顔も知らないもの同士が、一つの目的に向かって何かをやり遂げたときの感激は今でも忘れられません。こんな活動を県全体でもっと増やすことで、留学生と市民の距離が縮まり、「ともだち」の輪がもっと大きくなれば良いと思います。

### B

Track 024

　私はホストファミリーボランティアに登録しています。今までに3人の外国人を私の家に迎えました。日本の一般的な家庭生活を体験してもらいながら、相互理解と交流を深めていけたら良いなと思い、始めました。最初は、ホスト側の心構えというものがよく分からず、ドキドキ、ソワソワしながら待ち構えていました。けれども、そんな不安はよそに、同じ時間を楽しく一緒に過ごすうちに、自然と打ち解け合っていきました。良い関係を築くためには、お互いに違う文化を吸収、理解することが大切だと思います。

**語句** 交流(こうりゅう) 교류 | 触(ふ)れ合(あ)う 접촉하다 | 集(つど)う 모이다 | 無事(ぶじ) 무사 | お互(たが)いに 서로 | 同士(どうし) 같은 종류, 끼리 | やり遂(と)げる 완수하다 | 増(ふ)やす 늘리다 | 感激(かんげき) 감격 | 距離(きょり) 거리 | 縮(ちぢ)まる 줄어들다 | 輪(わ) 원형, 고리 | 体験(たいけん)する 체험하다 | 相互理解(そうごりかい) 상호 이해 | ホスト側(がわ) 호스트 측 | 心構(こころがま)え 마음가짐 | ソワソワ 안절부절 | ドキドキ 두근두근 | 待(ま)ち構(かま)える 기다리다 | 打(う)ち解(と)け合(あ)う 서로 허물 없다 | 吸収(きゅうしゅう) 흡수 | 築(きず)く 쌓아 올리다 | 連想(れんそう)する 연상하다 | 経験談(けいけんだん) 경험담

A・Bの文章を使っていろいろ話してみましょう。

**PART I** 次の問いに答えなさい。

問題1　Aの人は、なぜイベントに申し込みましたか。

問題2　Bの人はどんな思いから始めましたか。

問題3　Aの人はどんなことが今でも忘れられないと言っていますか。

問題4　Bの人は最初、外国人をどのような気持ちで待ち構えていましたか。

問題5　Bではホストファミリーをする際、どんなことが大切だと言っていますか。

**PART II** 応用会話

1. あなたはどのようなボランティア活動に参加したことがありますか。

2. ボランティア活動をして良かったと思うことは何ですか。

3. ボランティア活動をするにあたってどんな不安がありますか。

4. あなたが、今後、機会があったら参加してみたいと思うボランティア活動は、どのようなものですか？

5. ボランティア活動の経験談や、ボランティアに対するイメージなど、ボランティアに関するエピソードを話してみましょう。

### 会話のキーワード

- 環境美化(かんきょうびか)：환경 미화
- 高齢者(こうれいしゃ)：고령자
- 災害救援(さいがいきゅうえん)：재해 구원(구호)
- 募金活動(ぼきんかつどう)：모금 활동
- 子供・青少年(せいしょうねん)：어린이・청소년
- 祭り・イベント：축제・이벤트
- 社会に対する問題意識(もんだいいしき)が高くなった：사회에 대한 문제 의식이 높아졌다
- 仲間や友人が増えた：동료나 친구가 늘어났다
- 視野が広くなった：시야가 넓어졌다
- 思いやりの心を持てるようになった：배려의 마음을 가질 수 있게 되었다

第3課 ボランティア・33

# VOCA+

- 自発性(じはつせい) 자발성
- 公共性(こうきょうせい) 공공성
- 利他性(りたせい) 이타성
- 義勇兵(ぎゆうへい) 의용병
- 志願者(しがんしゃ) 지원자
- 相互扶助(そうごふじょ) 서로 도움
- 手話(しゅわ) 수화
- 点字(てんじ) 점자
- 介護(かいご) 간호, 병구완
- 盲学校(もうがっこう) 맹아 학교
- 盲導犬(もうどうけん) 맹도견
- 聾学校(ろうがっこう) 농아 학교
- 青年海外協力隊(せいねんかいがいきょうりょくたい) 청년 해외 협력대
- 国際交流基金(こくさいこうりゅうききん) 국제 교류 기금
- 国境(こっきょう)なき医師団(いしだん) 국경없는 의사단
- 学校支援(がっこうしえん)ボランティア 학교 지원 자원봉사
- チャリティー 자선
- 慈善(じぜん) 자선
- 寄付(きふ) 기부
- 24時間(じかん)テレビ 24시간 TV(일본 자선 TV 프로그램)
- ごみ拾(ひろ)い 쓰레기 줍기
- 通訳(つうやく)ボランティア 통역 봉사활동
- 医療(いりょう)ボランティア 의료 봉사활동
- ボランティア精神(せいしん) 봉사 정신
- 特技(とくぎ)を生(い)かす 특기를 살리다
- 炊(た)き出(だ)し (수재・화재・지진 등의) 이재민에게 밥을 지어 제공하는 일
- 食糧配給(しょくりょうはいきゅう) 식량 배급
- バリアフリー (barrierfree) 장애우나 고령자의 생활에 불편한 장해를 제거하는 것
- 手弁当(てべんとう) 개인 돈으로 어떤 일을 위해 일하는 것, 도시락을 스스로 준비 함. 또는 그 도시락

# 第4課
# 私のぜいたく

　皆さんはどんな時にぜいたくをしますか。「残業時間がとても多くなっている時」「何かの賞をもらった時」「ダイエットに成功した場合」等、ご褒美をもらう価値がある場合はいろいろあります。ある一定期間頑張った時、何か自分で買うことが多いのですが、これがいわゆる「自分へのご褒美」と呼ばれ、よく使われるようになりました。

---

**語句** ぜいたく 사치, 호사 | ご褒美(ほうび) 포상, 상 | ～に値(あたい)する ～에 상당하다, ～할 가치가 있다

# ダイアローグ

 状況　仕事が終わって帰る時、エレベーターの中で

Track 025

- **チョン**　さっき、デパートの地下でちょっと高そうなケーキ買ってましたけど、だれかへのプレゼントですか。もしかして、私？

- **青木**　ああ、あれですか。残念ながら違います。私へのプレゼントです。自分へのご褒美ですよ。ボーナスが出ましたからね。

- **チョン**　そんな……、プレゼントもご褒美もだいたい人からもらうものでしょ。

- **青木**　自分にあげちゃいけないというものでもないでしょ。最近多いんですよ、自分へのご褒美って。

- **チョン**　へ～、そうなんですか。でも、普通の買い物と何が違うんですか。ただ欲しいものを買うための言い訳にすぎないんじゃないですか。

- **青木**　えっ？……。いいじゃないですか。また明日から頑張ろうっていう気持ちになるんですから。それに、働いてばかりっていうのも、何か寂しいものがあるでしょ。

- **チョン**　あ～、わかりました。だれも褒めてくれない、「頑張ったね」とか言ってくれないから、そのかわりに自分で自分にご褒美をあげるんでしょ。

- **青木**　意地悪ですね。でも、大人になるにしたがって、人から褒められるってこともなくなってきますね。チョンさんは自分へのプレゼントなんてしないんでしょうけどね。

- **チョン**　私ですか。ん～、私は給料日にすし屋に行って好きなものを2つだけ注文するんです。そして、それだけを食べてさっと帰る。プレゼントというか、私のちょっとしたぜいたくです。これぐらいですかね。

- **青木**　それって私と同じじゃないですか。

---

**語句**　もしかして 혹시, 만약, 어쩌면 ｜ 言(い)い訳(わけ) 변명 ｜ 意地悪(いじわる) 심술쟁이, 심술궂음 ｜ 給料日(きゅうりょうび) 월급날 ｜ ちょっとした 약간의, 대단치 않은

# クイズ

**クイズI** ダイアローグの内容からの質問です。

1. 青木さんはどうして「自分へのご褒美」をしますか。

2. チョンさんの「ちょっとしたぜいたく」とは何ですか。

**クイズII** 次のクイズに答えなさい。

　最近「自分へのご褒美」をする人が増えているそうです。「自分は頑張っているから」というのが理由でしょう。でも、どんな時に、どんなものを「自分へのご褒美」にするのでしょうか。それがクイズです。

1. どんな時が多いでしょうか？
   - ＿＿＿＿＿＿＿＿＿を＿＿＿＿＿＿＿＿＿したい時
   - 気分転換したい時
   - 仕事が＿＿＿＿＿＿＿＿＿時
   - ＿＿＿＿＿＿＿＿＿や＿＿＿＿＿＿＿＿＿が出た日
   - クリスマス、バレンタイン（女性）
   - ＿＿＿＿＿＿＿＿＿に成功した時（女性）

2. どんなものが多いでしょうか？
   - ＿＿＿＿＿＿＿＿＿を＿＿＿＿＿＿＿＿＿に行く(男女)
   - 旅行に行く（男女）
   - ＿＿＿＿＿＿・＿＿＿＿＿＿・＿＿＿＿＿＿などを買う(女性)
   - ＿＿＿＿＿＿＿＿＿やマッサージに行く(女性)
   - スイーツを買う(男女)
   - ゲーム、映画など趣味に使う(男性)

こんな意見が多いようです。
皆さんならどんな時に、どんな「ご褒美」をしますか。

# パタ300ントレーニング

## 1 〜ながら：状況・状態・様子などを表す。
他に「テレビを見ながらご飯を食べる」のような同時の用法もある。

Track 026

A：田中さんが留学するための試験を受けたのですが……。
B：本当ですか。
A：でも、❶残念ながらだめだったみたいです。
B：それは❷落ち込んでいるでしょうね。

❶ 今更ながら、留学するかどうか迷っている
❷ 家族が気になっているん

## 2 〜というものでもない：それが妥当ではないという意味を含めた否定の表現。

Track 027

A：あの❶店は何でも安くていいですよね。
B：でも、この前❷買ったTシャツは縮んでしまいましたよ。
A：❸安ければいいというものでもないですね。
B：そうですね。

❶ 人は何にでも一生懸命　❷ 働きすぎて体を壊して
❸ 一生懸命やればいい

## 3 〜ものがある：ある特徴を述べる表現で、強調・感嘆の意味が加わる。

Track 028

A：先日、❶ホテルのプールに行きました。
B：❷近所のプールで泳ぐのとはまた違うものがあるでしょう。
A：そうなんですよ。
B：でも、❸たまには自分にご褒美をあげるのもいいことですよね。

❶ 子供と公園　❷ よその子がいるところで遊ばせるのは難しい
❸ いろいろな子供と遊ばせる

次の会話文で単語や表現を入れ替えて会話練習をしてみましょう。

### 4　〜かわりに : 「人やものの代理に」の意味。

Track 029

A: ①最近風邪をひいて、薬を飲んでいるんです。
B: ②薬のかわりに③漢方薬を飲んでみるのはどうですか。
A: そうですね。
B: ちょっと④値段は高いですけどね。

❶ ダイエットのために、米を食べないようにしている
❷ 米を食べる
❸ 玄米を食べてみる
❹ 味に好き嫌いはあります

### 5　〜にしたがって : 「動作・作用が進むのにともなって」の意味。

Track 030

前件、後件ともに変化が生じることがらが述べられる。

A: 新宿は①いつも人がいっぱいですね。
B: ②新宿に地下鉄の駅が増えるにしたがって、③乗り換える人も多くなりましたからね。
A: 便利にはなりましたが、ちょっと息苦しい感じがします。
B: そうですね。「ほどほど」が大切ですよね。

❶ 空が狭い
❷ 年月を重ねる
❸ 高層ビルが

---

**語句**　今更(いまさら)ながら 새삼스럽지만 | 縮(ちぢ)む 줄어들다 | 漢方薬(かんぽうやく) 한약 | 玄米(げんまい) 현미 | 乗(の)り換(か)える 갈아타다, 바꿔타다 | 息苦(いきぐる)しい 답답하다, 숨이 막히다 | 重(かさ)ねる 거듭하다, 겹치다 | ほどほど 알맞은 정도, 정도껏

第4課 私のぜいたく・39

# フリートーキング

● 私のぜいたく

### A
Track 031

　私は食費に関しては結構節約を心掛けて自炊しているのですが、外食の日には「一番安くて量が多い料理を注文しよう。」ではなくて、「普段は自炊しているんだから、値段を気にすることなく、好きな物を食べよう。」という主義なのです。たまのぜいたくがあるからこそ、日々の節約生活も頑張れるのだと思います。そして、外食する時は、楽しいことやうれしいことがあった時に行くようにしています。やはり食事は楽しくしたいものです。また、高級料理を食べた時は、セレブな気持ちになり、女性として楽しい瞬間なのではないでしょうか。

### B
Track 032

　普段は、自分に何が必要かを明確にするために「欲しいものリスト」を作るようにしています。そして、本当に必要なものにだけお金をかけて、リストにないものは買わないようにしています。しかし、3ヶ月に1回は自分へのご褒美として、普段行かないようなお店にまで足を運び、気に入ったものは我慢せず買うようにしています。これが私の3ヶ月に1回のぜいたくです。念願がかなって欲しかったものがやっと買えた時の満足感はぜいたくな気分にさせてくれるし、うれしくてたまらないものです。

---

**語句** 結構(けっこう) 상당히, 충분히, 꽤 | 節約(せつやく) 절약 | 心掛(こころが)ける 명심하다, 유의하다 | セレブな気持(きも)ち 귀부인・유명인이 된 듯한 기분 | 足(あし)を運(はこ)ぶ 찾아가보다 | 我慢(がまん)する 자제하다, 참다 | 念願(ねんがん)がかなう 염원이 이루어지다 | 言(い)い換(か)える 바꾸어 말하다

A・Bの文章を使っていろいろ話してみましょう。

### PART I 次の問いに答えなさい。

問題1　A・Bともに普段はどんなことを心掛けていますか。

問題2　Aはたまのぜいたくには何をしますか。

問題3　Bは普段はなぜ「欲しいものリスト」を作るようにしていますか。

問題4　Aで高級料理を食べたときどんな気持ちになりますか。

問題5　Bはぜいたくをすることで、どんな気持ちになりますか。

### PART II 応用会話

1. あなたにとってのぜいたくとはどんなことですか。

2. ぜいたくをしたくなるのは、どんな時ですか。

3. ちょっとしたぜいたくを別の言葉で言い換えるなら何ですか。

4. ちょっとしたぜいたくの思い出を話してみましょう。

5. ちょっとしたぜいたくのつもりが大失敗したということがありますか。エピソードを話してみましょう。

#### 会話のキーワード

- ストレス発散(はっさん)のため : 스트레스 발산을 위해서
- 気分を上げるため : 기분을 상승시키기 위해서
- 快感(かいかん)・快適(かいてき) : 쾌감・쾌적
- ボーナスや臨時収入(りんじしゅうにゅう)があったとき : 보너스나 임시수입이 있었을 때
- 目標を達成したとき : 목표를 달성했을 때
- お金(かね)を惜(お)しまない : 돈을 아끼지 않다

# VOCA+

- [ ] ぜいたくざんまい 마음껏 사치를 부림
- [ ] 豪華(ごうか) 호화
- [ ] 豪勢(ごうせい) 대단히 호화로움
- [ ] ゴージャス(gorgeous) 화려한 모양
- [ ] ぜいを尽(つ)くす 온갖 사치를 다하다
- [ ] 普段(ふだん)手(て)が出(だ)せない
  평소에 쉽게 살 수 없다는 표현
- [ ] 食(た)べ放題(ほうだい)
  마음껏 먹음, 마음껏 먹을 수 있음
- [ ] 飲(の)み放題(ほうだい)
  마음껏 마심, 마음껏 마실 수 있음
- [ ] フルコース(full course) 풀코스
- [ ] エステ 에스테틱
- [ ] マッサージ 마사지
- [ ] ぜいたく品減税(ひんげんぜい) 사치품 감세
- [ ] プチぜいたく 약간의 사치
- [ ] プレミアム 프리미엄
- [ ] 高級(こうきゅう) 고급
- [ ] 和牛(わぎゅう)のヒレ 일본 소의 등심

- [ ] 極上(ごくじょう) 최상
- [ ] 至福(しふく)の時間(じかん)
  더 없이 행복한 시간
- [ ] 入浴剤(にゅうよくざい) 입욕제
- [ ] 宮内庁御用達(くないちょうごようたつ)
  황실 납품업자
- [ ] ホームシアター 홈씨어터
- [ ] 割烹料理(かっぽうりょうり) 요리되는 대로
  한 가지씩 내놓는 일본 요리
- [ ] ぜいたくランチ 호화 런치
- [ ] ごちそうを食(た)べる 맛있는 요리를 먹다
- [ ] 幸福感(こうふくかん) 행복감
- [ ] 満足感(まんぞくかん) 만족감
- [ ] おとな買(が)い 어렸을 때는 돈이나 여러 제약
  때문에 살 수 없었던 것을 어른이 되어 자유롭게
  사는 것을 일컫는 말
- [ ] 会席料理(かいせきりょうり)
  에도시대 이후에 발달한 연회용 요리
- [ ] ネイルアート 네일아트
- [ ]

# 第5課
# もったいない

　2004年にアフリカ女性初のノーベル平和賞を受賞したケニアの環境副大臣、ワンガリ・マータイさんは有名な環境保護運動家です。彼女は日本語「もったいない」を世界に通じる環境標準語にしようとしています。国連本部でMOTTAINAIとプリントされたTシャツを見せながら、「世界中で『もったいない』運動を広げましょう。」と訴えました。この言葉と精神が世界に広がれば、地球環境問題の改善に役立つし、資源が平等に分けられ、テロや戦争の防止にもつながると話しています。

**語句** 　受賞(じゅしょう) 수상 ｜ 環境副大臣(かんきょうふくだいじん) 우리나라 환경부 차관에 해당 ｜ ケニア 케냐 ｜ もったいない 아깝다 ｜ 国連本部(こくれんほんぶ) 유엔 본부 ｜ 訴(うった)える 호소하다 ｜ テロ 테러 ｜ 防止(ぼうし) 방지

# ダイアローグ

**状況** 仕事が終わって、帰る前のオフィスで

Track 033

**斉藤** 青木さん、えらいですね。いつも帰る前に電源が切ってあるか確認したり、窓のかぎが掛かってるかチェックしたり、本当に几帳面ですね。

**青木** そうですか。子供のころから厳しく言われてきましたので、習慣というか、くせというか……。

**斉藤** いいことです。うちの息子なんか冷蔵庫を開ければ開けっぱなし、電気をつければつけっぱなし、水を出せば出しっぱなしで、「もったいない」とか「節約」っていうことを知らないんですよ。

**青木** そうですか。でも、時間とともにきっとわかるようになるんじゃないですか。

**斉藤** だといいんですが。でも、最近、そればかりか節約のことで私が注意すると「けち」って言うんです。もう、頭に来てしょうがないですよ。

**青木** 節約とけちはずいぶん違うと思いますけどね。日本でもよく飲食店での食べ残しが問題になりますけど、これこそ「もったいない」ですよ。

**斉藤** そうですね。食べる物がなくなったり断水でも経験しない限り、うちの息子にはわからないでしょうけどね。

**青木** お金だって、「必要なものには使う、それ以外にはあまりお金をかけない」っていうのは節約ですよね。けちじゃないですよね。

**斉藤** ええ、それは節約だと思いますよ。友達との付き合いや勉強に必要なお金は使うべきだと思いますね。それからたまに自分へのご褒美……。

**青木** そうですよね。私もけちって言われるのは嫌ですから。どうやったら「けち」と「節約」の違いをうまく説明できますかね。

---

**語句** 几帳面(きちょうめん)だ 꼼꼼하다 | 頭(あたま)に来(く)る 화가 나다 | けち 구두쇠 | 断水(だんすい) 단수

# クイズ

**クイズⅠ** ダイアローグの内容からの質問です。

1. 斉藤さんの息子は節約ができていますか。

2. 斉藤さんは、どういうお金は使うべきだと考えていますか。

**クイズⅡ** 次のクイズに答えなさい。

「リデュース」「リユース」「リサイクル」、これらを環境活動の「3R」と呼ぶことがあります。日本語には、この「3R」を一言で表現できることばがありますが、わかりますか。それは「もったいない」ということばです。では、今日は「もったいない」をキーワードに、日本でよく見られる光景から問題を出します。

「ウソ・ホント」クイズです。次のことは本当だと思いますか、うそだと思いますか。

1. 日本のトイレには水の音だけが出るボタンがある。ウソ？ホント？

2. お風呂の残った水は捨てないで、次の日の洗濯に使う。ウソ？ホント？

3. 晩ご飯で残ったおかずは、次の日のお弁当に入れる。それを「残り物弁当」という。ウソ？ホント？

「もったいない」……
将来世界で通用することばになるかもしれませんよ。

# パタートレーニング

**1　〜っぱなし**：同じ状態が続いていることを示す、「〜まま」の意味であるが、よくないと思っていることに対して使う。　Track 034

A：①デパートで試食販売のアルバイトをしました。
B：大変でしたか。
A：②1日中、立ちっぱなしだったので③足が疲れました。
B：ゆっくり休んでくださいね。

① 息子の部屋のそうじ
② 1ヶ月間、散らかし
③ 5時間もかかりました

**2　〜とともに**：「〜と同時に」の意味で、前件・後件ともに変化が生じることがらが述べられる。　Track 035

A：最近、仕事のほうはどうですか。
B：①景気の悪化とともに、会社も②苦しい状況になってきました。
A：それは③大変ですね。
B：ええ。私ももっとがんばらないといけません。

① 社員の成長　　② 発展して　　③ よかった

**3　〜ばかりか**：「〜だけでなく、さらにその上に」の意味。　Track 036

A：①空手を習っている子供が多いですね。
B：ええ、②健康に良いばかりか③人格形成にも役立ちますからね。
A：④心も体も強くなりますね。
B：そのとおりですよ。

① 遊園地は人が　　　　② 若い人
③ 中高年でも楽しめます　④ 子供にかえって遊べるんですよ

次の会話文で単語や表現を入れ替えて会話練習をしてみましょう。

## 4 〜てしょうがない ：「感情や感覚が、非常に〜だ」の意味。

A：田中さんはまだ①たばこを吸っているんですね。
B：②やめたくてしょうがないって言っていました。
A：③強い意志がないと難しいですね。
B：そうですね。

① 入院して
② 傷口が痛くて
③ まだ退院は

## 5 〜ない限り ：「〜しない間は、〜ない」の意味で、条件を表す。

A：①あのマンションに住みたいです。
B：いい②マンションですよね。
A：でも、③今の3倍稼がない限り④住めませんね。
B：そうですね。

① 浜崎あゆみに会いたい
② 歌手
③ 強力なコネが
④ 会えません

語句　試食(ししょく) 시식 ｜ 散(ち)らかす 어지르다 ｜ 悪化(あっか) 악화 ｜ 人格形成(じんかくけいせい) 인격형성 ｜ 傷口(きずぐち) 상처 ｜ 稼(かせ)ぐ 돈벌이하다 ｜ 強力(きょうりょく) 강력 ｜ コネ 관계, 연줄, コネクション(connection)의 준말

# フリートーキング

● もったいないと思うとき

## A

　私は、飲食店に行った時に全部食べきれず、おかずを残した状態で帰る時、もったいないと思います。飲食店では捨てる食品を減らす取り組みの一つとして、食べ残した料理を持ち帰ることができるお店もありますが、「食べ物を無駄にしたくない」と思いつつも、衛生面が気になって持ち帰ることを避けてしまいます。おいしい料理を提供する飲食店への敬意を表すには、全部食べきることだと思います。それは、持ち帰りでは料理が冷めてしまい、本来の味ではなくなってしまうからです。つい沢山注文してしまいがちですが、食べられる分だけを注文するよう心掛けましょう。

## B

　私は、使っていない物や修理すれば使える物を捨ててしまう時にもったいないと思います。私はよく必要ないものを買ってしまったり、修理できるけど新しいものがほしいために使えるものを捨てたりしてしまいます。物を無駄にしないために、物を大切に使ったり、いらなくなった物は譲ったり、どうしてもほしいものしか買わないようにしなければならないと分かっていながら、無駄にしている物はたくさんあります。現在、何でも手に入れられる世の中になってきているからこそ、物を大切にする気持ちを忘れてはいけないと思います。

---

**語句** おかず 반찬 | 取(と)り組(く)み 대처 | 持(も)ち帰(かえ)る 가지고 돌아가다 | 無駄(むだ) 쓸데없음, 헛됨 | 衛生(えいせい) 위생 | 避(さ)ける 피하다, 삼가다 | 敬意(けいい) 경의 | 譲(ゆず)る 양보하다 | つい 무심코, 무의식중에

A・Bの文章を使っていろいろ話してみましょう。

**PART I** 次の問いに答えなさい。

問題1　Aはどんな時にもったいないと思うと言っていますか。

問題2　Bはどんな時にもったいないと思うと言っていますか。

問題3　Aはどうして持ち帰ることができるお店でも持ち帰らないのですか。

問題4　Bでは物を無駄にしないために何をしなければならないと言っていますか。

問題5　A・Bはどんなことを心掛けるといいと言っていますか。

**PART II** 応用会話

1. あなたはどんなことがもったいないと思いますか。

2. あなたは今何か節約していることがありますか。

3. 「ものを大切にする、無駄にしない」ために、私たちは何をすれば良いと思いますか。

4. どんな人を見て「けち」だと思いますか。

5. あなたは、「食べ残し」をしてしまったときにどう感じますか。

### 会話のキーワード

- 水道の水を出しっぱなしにすること：수돗물을 틀어놓은 채로 놔두는 행위
- テレビやパソコンのスイッチをつけたままにしておくこと：텔레비전이나 PC 스위치를 켜놓는 것
- リサイクルできるものをごみとして捨ててしまうこと：
  재활용할 수 있는 것을 쓰레기로 버려버리는 것
- 使わない電気はつけない：사용하지 않는 전기는 켜지 않는다
- できるだけ、再利用された物を買う：가능한 한 재활용한 물건을 사다
- 必要ない物は買わない、もらわない：필요 없는 물건은 사지 않고 받지도 않는다
- 買い物にはマイバッグを持参(じさん)する：쇼핑하러 갈 때는 장바구니를 지참한다
- きれいに食べないとお百姓(ひゃくしょう)さんに怒られる：
  깨끗하게 먹지 않으면 농부 아저씨에게 혼난다

# VOCA+

- 物資(ぶっし)の節約(せつやく) 물자의 절약
- 自然や物に対する敬意(けいい)
  자연이나 물건에 대한 경의
- 消費削減(しょうひさくげん) 소비 삭감
- 尊敬(そんけい)の念(ねん) 존경의 마음
- 廃品(はいひん) 폐품
- もったいないふろしき
  자원낭비 방지용 보자기
- 風呂敷(ふろしき)ブーム 보자기 붐
- グリーンベルト運動(うんどう) 그린벨트 운동
- ランチボックス 도시락 통
- エコバッグ 환경 가방
- マイはし 마이 젓가락
- マイコップ 마이 컵
- マイ傘(かさ) 마이 우산
- お下(さが)り 물려줌
- ビニール傘(がさ) 비닐우산
- 時間(じかん)を無駄(むだ)にしない 시간을 낭비하지 않다
- 大量生産(たいりょうせいさん) 대량생산
- 大量販売(たいりょうはんばい) 대량판매
- 大量消費(たいりょうしょうひ) 대량소비
- 環境省(かんきょうしょう) 일본 행정기관의 하나. 환경보호, 공해방지, 자연보호 등 환경보전을 담당

- もったいないおばけ 낭비하는 사람을 잡아가는 귀신
- オイルショック 오일 쇼크
- フリーマーケット 프리마켓, 벼룩시장
- 使(つか)い捨(す)て 일회용
- 再生紙(さいせいし) 재생지
- 裏紙(うらがみ)を使(つか)う
  이면지를 사용하다
- 節電(せつでん) 절전
- 節水(せっすい) 절수
- こまめに電気(でんき)を消(け)す
  알뜰하게 전기를 끄다
- プラグを抜(ぬ)く 플러그를 빼다
- 温度(おんど)を設定(せってい)する
  온도를 설정하다
- クールビズ 냉방비와 냉방에 사용하는 자원을 줄이기 위해 직장에서 넥타이를 매지 않거나 반소매 셔츠의 복장을 장려하여 시원하게 근무할 수 있게 하는 것
- ウォームビズ 난방비와 난방에 사용하는 자원을 줄이기 위해 직장에서 옷을 겹쳐입거나 무릎담요 등을 사용하는 것

# 第6課
# 結婚

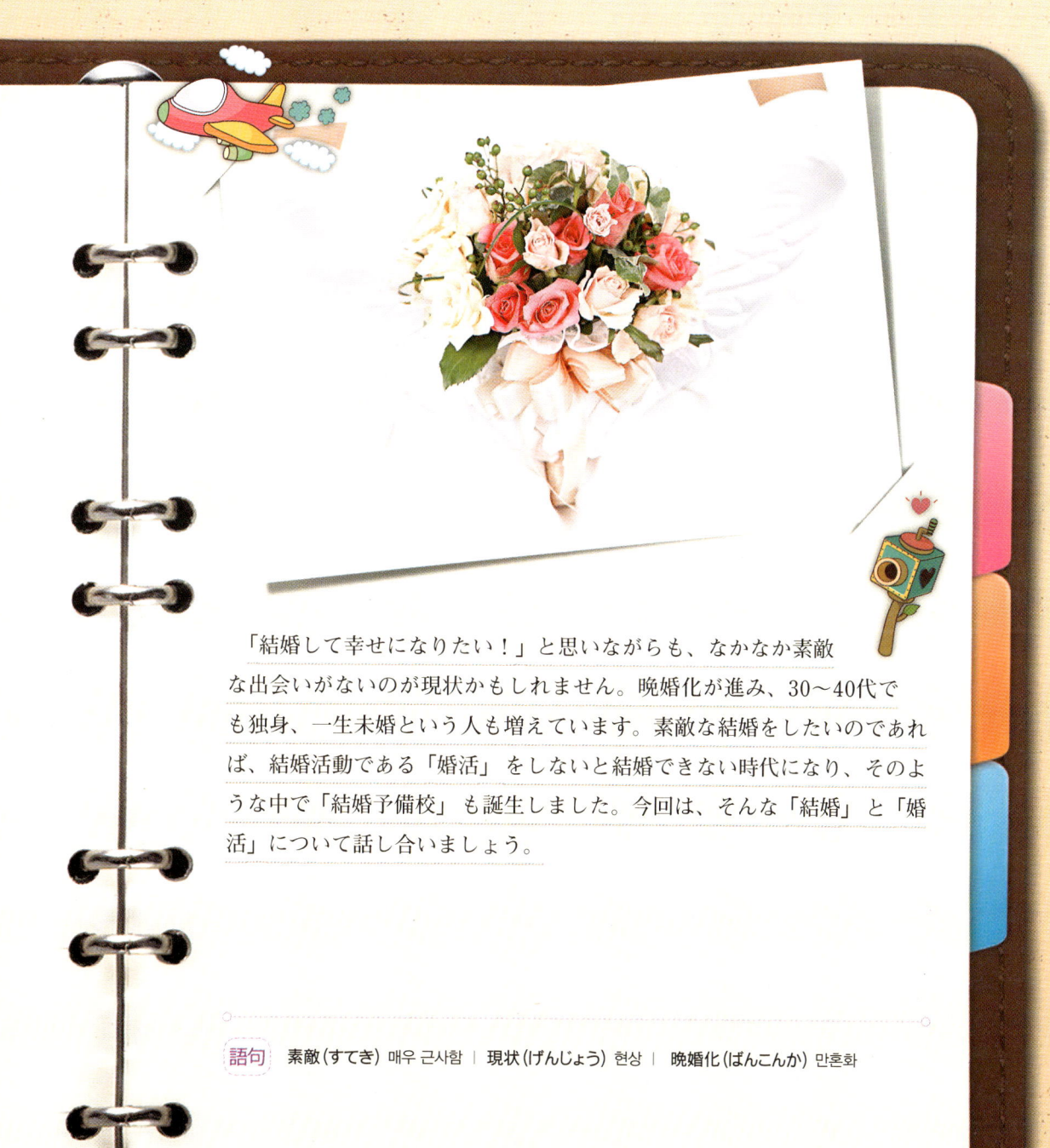

「結婚して幸せになりたい！」と思いながらも、なかなか素敵な出会いがないのが現状かもしれません。晩婚化が進み、30～40代でも独身、一生未婚という人も増えています。素敵な結婚をしたいのであれば、結婚活動である「婚活」をしないと結婚できない時代になり、そのような中で「結婚予備校」も誕生しました。今回は、そんな「結婚」と「婚活」について話し合いましょう。

**語句** 素敵(すてき) 매우 근사함 ｜ 現状(げんじょう) 현상 ｜ 晩婚化(ばんこんか) 만혼화

# ダイアローグ

 状況　仕事が終わり、チョンさんと青木さんが帰るところ

 Track 041

- 青木　お疲れ様でした。お先に失礼します。
- チョン　ああ、私ももう帰るので一緒に出ましょう。あれ？何かおしゃれな感じですけど、これから予定でもあるんですか。
- 青木　ええ、実は、これからお見合いパーティーに行くんです。
- チョン　ええっ！青木さん、結婚するんですか。
- 青木　いえいえ、そのための活動ですよ。「婚活」っていうやつですね。今の時期からクリスマスにかけてはこういうパーティーが増えるんですよ。
- チョン　へぇ～、「就活」は知ってましたけど、「婚活」ってすごいですね。で、そのパーティーは、結婚相手探しを目的としたパーティーなんですか。
- 青木　そうですね。仕事が忙しくてなかなか出会いがないじゃないですか。ですから、「婚活」するならそういうところに積極的に参加するに限ると思いまして。
- チョン　私も実はこれから合コンなんです。日本に来てからずっと彼女がいないんで、友達が見るに見かねて誘ってくれたんですよ。
- 青木　合コンにはよく参加されるんですか。
- チョン　いえいえ、今日が初めてなんです。ですから、いろいろ教えてもらおうと思って友達の所に行ったんですよ。で、いろいろ聞いてみたところ、気配りができる人がもてるらしいんですけど。本当ですか。
- 青木　私は、韓流ドラマに出てくるようなやさしい男性に巡り合いたいですね。
- チョン　え？それならここにもいるじゃないですか。すぐ目の前に。

---

語句　お見合(みあ)いパーティー 맞선 파티 ｜ 就活(しゅうかつ) 취직활동, 就職活動의 준말 ｜ 気配(きくば)り 배려 ｜ もてる 인기 있다

# クイズ

**クイズI** ダイアローグの内容からの質問です。

1. 「婚活」とは何ですか。

2. チョンさんは今日どうして合コンに行きますか。


**クイズII** 次のクイズに答えなさい。

　受験生の前で言ってはいけない・言わない方がいいことば(「すべる」「落ちる」など)があるように、結婚式(特にスピーチをする場合)でも使ってはいけないことばがあります。また、結婚する二人に贈ってはいけないものもあります。では、今日のクイズです。結婚式で **使ってはいけないことば** を別のことばに変えて言ってみましょう。そして、結婚する二人に贈ってはいけないものについては、その理由を考えてみてください。

「使ってはいけないことば」…… 別のことばで言えますか

1. ケーキをナイフで **切る** ⇒ ケーキにナイフを＿＿＿＿＿＿＿

2. 席に **戻る** ⇒ 席に＿＿＿＿＿＿＿

2. 披露宴が **終わる** ⇒ 披露宴を＿＿＿＿＿＿＿


「贈ってはいけないもの」…… どうしてでしょうか

1. ナイフや包丁

2. 鏡


皆さんの国ではどうですか。

---

**語句**　すべる 미끄러지다 ｜ 披露宴(ひろうえん) 피로연 ｜ 包丁(ほうちょう) 부엌칼

# パターントレーニング

## 1 〜から〜にかけて ： 時間・空間などの二つの時点・地点を漠然と とりあげる場合に用いる。

Track 042

A：日本ではどんな料理が人気がありますか。
B：①秋から冬にかけては、やっぱり②なべ料理ではないでしょうか。
A：なるほど。
B：③体が温まりますよ。

① 10代から20代　　② 焼肉
③ スタミナがつきます

## 2 〜を〜とした ： 「〜を〜に決めた・考えた」の意味。

Track 043

A：シンプルライフに行きませんか。
B：シンプルライフって何ですか。
A：①輸入雑貨を②中心とした、③生活用品のお店です。
B：そうですか。ぜひ、行ってみたいです。

① いやし　　② テーマ
③ マッサージ

## 3 〜に限る ： 限定の「〜だけだ」の意味から、さらに「〜が一番だ」のような評価が加わる場合もある。

Track 044

A：この①すいか、おいしいですね。
B：②よく冷えていて、暑さも吹っ飛びますね。
A：やっぱり、③夏はすいかに限りますね。
B：同感です。

① なべ　　② 体がしんから温まります
③ 冬はなべ

### 4 〜かねる ：「〜することが不可能だ・困難だ」の意味。　Track 045

A：うちの子供は❶服を着るのにとても時間がかかります。
B：まだ小さいですからね。
A：❷見るに❸見かねて手伝ってしまうんです。
B：そのうち❹できるようになりますよ。

❶ 最近言うことをきいてくれません
❷ わがまま
❸ 耐えかねて子供をどなりつけて
❹ 分別がつきます

### 5 〜たところ： きっかけや契機を表す表現であるが、　Track 046
　　　　　　　　特に前件に対して後件には意外なできごとが表される。

A：昨日、❶彼女の誕生日でした。
B：❷何かあげましたか。
A：❸花をあげたところ❹指輪が良かったと言われました。
B：そりゃそうですよ。

❶ 韓国の友人が来ました
❷ どこかへ連れて行って
❸ 新宿へ連れて行った
❹ 浅草

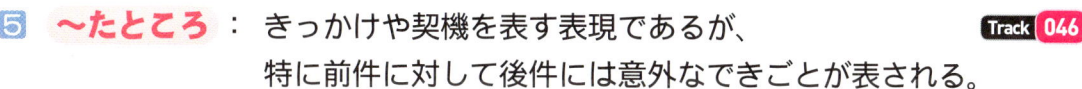

語句　輸入雑貨(ゆにゅうざっか) 수입 잡화 ｜ 吹(ふ)っ飛(と)ぶ 갑자기 날아가다 ｜ 同感(どうかん) 동감 ｜ わがまま 제멋대로 ｜
　　　耐(た)える 견디다, 참다 ｜ どなりつける 호통치다 ｜ 分別(ふんべつ)がつく 분별이 되다

# フリートーキング

● 代理婚活（結婚しない息子や娘に代わって、親が結婚のための活動をすること）

### A

　昔もお見合い話を勝手に進める親と親戚がいました。それと同じなんだと考えれば、どちらかといえば賛成できます。最終的に結婚するかしないかは本人の自由ですし、多少のきっかけにはなるので、悪いとはいえません。また、「自分がもし独身だったら」と考えると、仕事の現状から相手を探すにも、なかなか時間も機会もないので良いと思います。親は子供の結婚を見届けるまでは、「死んでも死にきれない」とよく言われていますし、子供のためにやってくれていると考えると結婚したくてもできない人にとってはありがたいことかもしれません。

### B

　親の気持ちを考えると、同意できる部分もありますが、やはり自分の結婚相手は自分で探したいものです。自分の一生を決める大事なことなので、親任せにして結婚した場合、将来離婚する可能性もあると思います。結婚したくない子供を無理矢理結婚させるのは、子供のためにもならないと思います。また、私の場合は、理想がかなり高いというわけではありませんが、親が求めている人と私が求めている人が違うので、親が紹介してくれた人を好きになることができません。でも、親が子供のためを思ってやってくれているということには感謝の気持ちでいっぱいです。

---

**語句**　見届(みとど)ける 마지막까지 지켜보다 ｜ 親任(おやまか)せ 부모에게 맡김 ｜ 無理矢理(むりやり)に 무리하게, 억지로, 강제로 ｜ 求(もと)める 바라다, 구하다

A・Bの文章を使っていろいろ話してみましょう。

**PART I** 次の問いに答えなさい。

問題1　Aの人はどんな点で、代理婚活は悪いとはいえないと言っていますか。

問題2　Bの人は結婚相手はどうしたいと言っていますか。

問題3　Bの人は婚活を親任せにするとどういう可能性もあると言っていますか。

問題4　Aでどうして親は代理婚活をするのですか。

問題5　Bでは親が紹介してくれた人をどうして好きになることができないと言っていますか。

**PART II** 応用会話

1. 「結婚したいな」または、「結婚して良かった」と思う時はどんな時ですか。

2. 「結婚しないほうがいいな」と思う時はどんな時ですか。

3. どんな結婚式がしたいですか。

4. 理想の結婚相手の条件は何ですか。

5. 「成田離婚」についてどう思いますか。

### 会話のキーワード

- 親からの独立：부모에게서 독립
- 仕事から帰って、だれもいなくて寂しい：퇴근해서 돌아오면 아무도 없어 쓸쓸하다
- 友達に奥さん、だんなさんや子どもの話を聞かされた：
  친구에게 부인, 남편이나 아이 이야기를 들었다
- 甘えたいときに甘えられない：응석 부리고 싶을 때에 응석부릴 수 없다
- 何事にも積極的になった：무슨 일이든지 적극적이 되었다
- 異性の友達が増えた：이성 친구가 늘어났다
- 服装に気をつかうようになった：복장에 신경을 쓰게 되었다
- 成田離婚(なりたりこん)：신혼여행에서 돌아오자마자 공항에서 이혼하는 것을 일컬음

# VOCA+

- 恋愛結婚(れんあいけっこん) 연애 결혼
- 見合(みあ)い結婚(けっこん) 중매 결혼
- 国際結婚(こくさいけっこん) 국제 결혼
- 一目(ひとめ)ぼれ 첫눈에 반함
- 運命(うんめい)の人(ひと) 운명의 사람
- 相思相愛(そうしそうあい)
  서로 사모하고 사랑함
- ラブレター 러브 레터
- カップル 커플
- ほれる 반하다
- 甘酸(あまず)っぱい 새콤달콤하다
- ファーストキス 첫 키스
- 乙女心(おとめごころ) 아가씨의 마음
- 一筋(ひとすじ) 일편단심, 한결같음
- 奥手(おくて) 늦깎이, 성숙이 느린 사람
- 婚約者(こんやくしゃ) 약혼자
- フィアンセ 피앙세, 약혼자(남자)
- いいなづけ 약혼자
- 赤(あか)い糸(いと) 천생 연분
- 相合傘(あいあいがさ)
  한 우산을 남녀가 같이 씀, 또 그 그림
- ペアリング 커플 링
- ペアルック 커플 룩
- 記念日(きねんび) 기념일
- 結納(ゆいのう) 혼인의 증거로 금전이나 물건
  을 교환하는 것. 또는 그 물건이나 금품
- 婚約指輪(こんやくゆびわ) 약혼 반지
- 結婚指輪(けっこんゆびわ) 결혼 반지
- 結婚式場(けっこんしきじょう) 결혼식장
- 仲人(なこうど) 중매인
- ご祝儀(しゅうぎ) 축하의식, 혼례, 축의금·축하 선물
- 引(ひ)き出物(でもの) 답례 선물
- 玉(たま)の輿(こし)
  여자가 부잣집으로 시집가는 것
- 逆玉(ぎゃくたま) 남자가 부잣집으로 장가가는 것
- できちゃった結婚(けっこん) 속도위반 결혼
- ジューンブライド 6월의 신부
- 再婚(さいこん) 재혼
- バツー(いち) 한 번의 이혼 경력
- 入籍(にゅうせき) 입적
- 配偶者(はいぐうしゃ) 배우자

# 第7課
# 20代と30代と40代

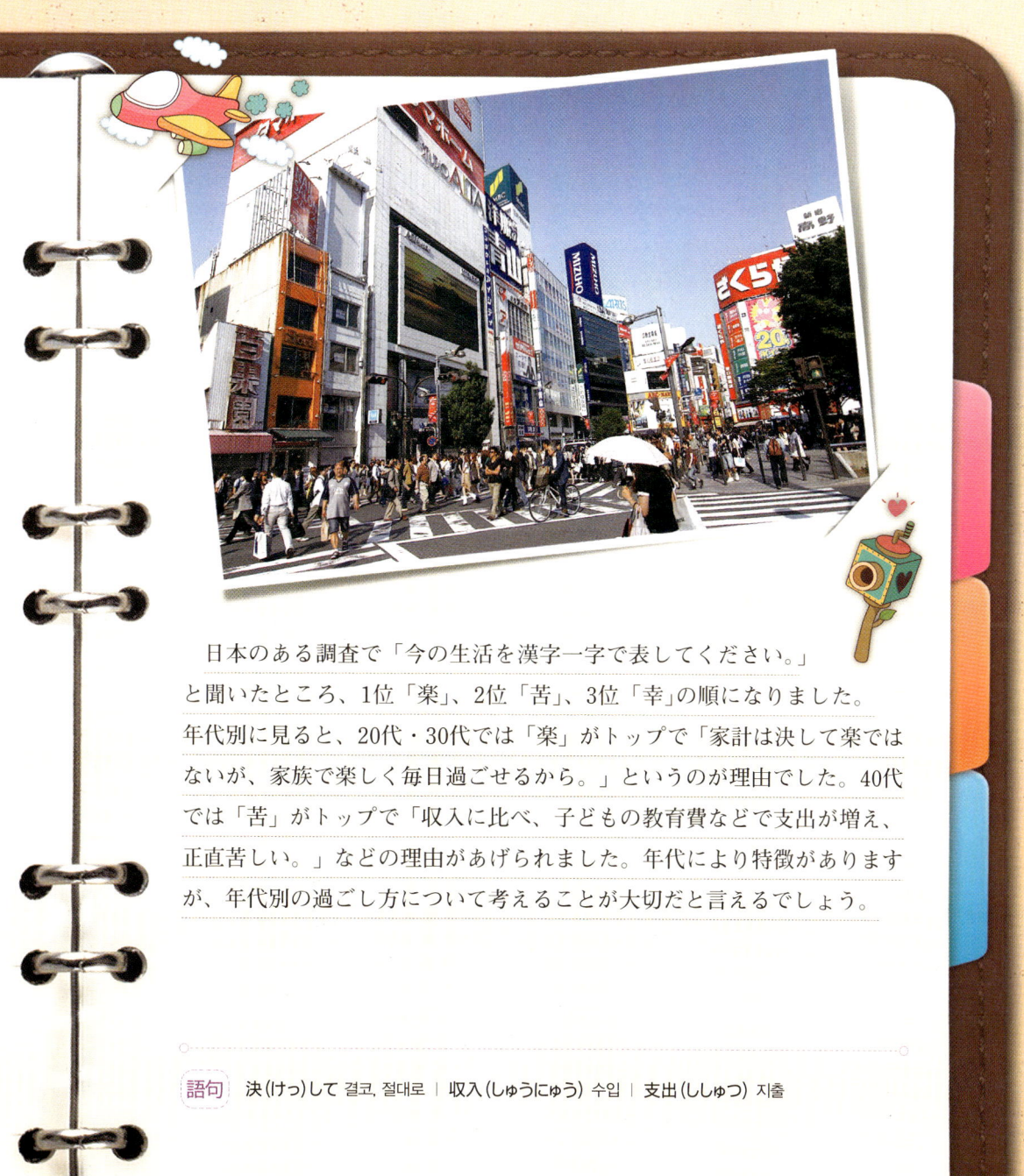

　日本のある調査で「今の生活を漢字一字で表してください。」と聞いたところ、1位「楽」、2位「苦」、3位「幸」の順になりました。年代別に見ると、20代・30代では「楽」がトップで「家計は決して楽ではないが、家族で楽しく毎日過ごせるから。」というのが理由でした。40代では「苦」がトップで「収入に比べ、子どもの教育費などで支出が増え、正直苦しい。」などの理由があげられました。年代により特徴がありますが、年代別の過ごし方について考えることが大切だと言えるでしょう。

**語句** 決(けっ)して 결코, 절대로 ｜ 収入(しゅうにゅう) 수입 ｜ 支出(ししゅつ) 지출

# ダイアローグ

**状況** 青木さんの誕生日にレストランで

Track 049

- **斉藤** 誕生日おめでとうございます。えーと、29歳になったんでしたっけ。来年から私と同じ30代ですね。お待ちしてます。

- **青木** はい。30代は楽しみですね、自分にどんなことができるんだろうって。

- **田村** そのためにも20代のうちは仕事はもちろん、遊びでも何でも、とにかくいろんな経験をするのがいいと思いますよ。今仕事は楽しいですか。

- **青木** はい、とても。でも、友達の中には結婚や出産を契機に会社を辞める人もいて何かもったいないなと思うんです。もちろんそれぞれ事情があるのはわかりますけど。

- **斉藤** そうですね。社会のシステムにも問題がありますしね。30代は、20代の経験を活かしてバリバリ仕事ができますからね。そうだ、先輩、30代のうちにやっておいたほうがいいことってありますか。

- **田村** そうですね、家は買っておいた方がいいんじゃないでしょうか。でも、貯金もしないといけないですね。あと、体力づくりかな。これはみんな言ってますね。

- **斉藤** 大きい買い物をする一方で、貯金もしなきゃいけないなんて厳しいですね。

- **田村** 40代になったら、それに加え、子供の教育費ってのがあるんですよ。大学生になってからも仕送りしなくちゃいけないし。

- **斉藤** 30代、40代は何かにつけてお金がかかるだろうと思って、覚悟はしてましたけど……。まあ、40まではあと5年あるのでコツコツ貯金します。

- **田村** でもね、40なんかあっという間ですよ。30になったと思ったら、気付いた時にはもう40になってましたからね。

- **青木** お二人のお話、大変参考になりました。あと一年、20代を楽しみます。

**語句** 活(い)かす 살리다, 발휘하다, 활용하다 ｜ バリバリ 열심히 하는 모양, 일을 척척 해 내는 모양 ｜ コツコツ 착실하게 노력하는 모양, 꾸준히, 부지런히 ｜ あっという間(ま) 순식간

# クイズ

**クイズI** ダイアローグの内容からの質問です。

1. 青木さんはどんな友達に対して「もったいない」と言っていますか。

2. 斉藤さんはどんな覚悟ができていると言っていますか。

**クイズII** 次のクイズに答えなさい。

　本文(会話)の中には、「バリバリ仕事ができる」「コツコツ貯金する」といった表現が出て来ます。この「バリバリ」や「コツコツ」はその様子をことばで表したものです。さて、今日のクイズです。○にひらがなを一つ入れてください。○には「バリバリ」のように同じひらがなが入ります。

1. ○ん○ん

　半年間集中して勉強したら成績が○ん○ん伸びた。

2. ○ら○ら

　毎日何度も教科書を読む練習をしていたら、○ら○ら読めるようになった。

3. ○き○き

　面接で大事なのは、○き○き答えることです。

4. ○り○り

　疲れ気味の時は、○り○り食べて、元気を出しましょう!

　この感覚、皆さんに伝わるでしょうか……。

# パターントレーニング

## 1 ～を契機に ：「～がきっかけ・転換点になって」の意味。

A: ①会社の業績がなかなか良くなりません。
B: ②緊縮経営を契機に③良くなるといいですね。
A: そうなる事を期待しています。
B: ④ゆっくり景気が回復しますよ。

❶ 車がなかなか売れません　❷ ガソリン代の値下げ
❸ 売れる　❹ 徐々に売れ始めますよ

## 2 ～一方で ：一つのことがらの、異なる二つの面を表す。

A: ①新聞を読んでいるんですか。
B: はい。ここにおもしろい記事がありますよ。
A: どんな内容ですか。
B: ②大学進学率が伸びる一方で、③学力は下がっているそうです。

❶ 雑誌　❷ 医学部人気が高まる
❸ 医師の過労が問題になっている

## 3 ～に加え ：累加・追加を表す。会話では「～に加えて」も多く使う。

A: この①芳香剤、すごいんですよ。
B: ②いい匂いですね。
A: ③香りに加え、④防菌効果まで高いんです。
B: それはすごいですね。

❶ 新入社員　❷ 写真の印象だけでもいい感じです
❸ コミュニケーション能力　❹ パソコンスキル

次の会話文で単語や表現を入れ替えて会話練習をしてみましょう。

## 4 〜につけて : 「〜をする度に」の意味で、後件には自発的に、自然にそうなることが述べられる。

Track 053

A: ①桜はいいですよね。
B: ②桜を見るにつけて③卒業式を思い出します。
A: 私もそうです。
B: ④思い出の花ですよね。

❶ キムチ
❷ キムチを食べる
❸ 母
❹ 母の味

## 5 〜と思ったら : 二つの出来事がほぼ同時に起きているように話し手がとらえていることを表し、またそれに対し意外だと感じていることを表す。

Track 054

A: ①大学生になったと思ったらもう②社会人ですか。
B: もう③2年になります。
A: 月日のたつのは早いですね。
B: 本当ですね。

❶ 結婚した
❷ お子さんが二人
❸ 上の子が3歳

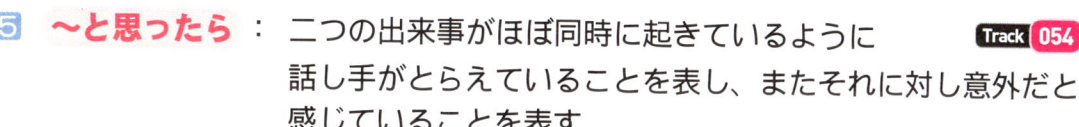

語句　緊縮経営(きんしゅくけいえい) 긴축경영 ｜ 値下(ねさ)げ 가격 인하 ｜ 徐々(じょじょ)に 서서히 ｜ 芳香剤(ほうこうざい) 방향제 ｜ 防菌効果(ぼうきんこうか) 방균효과

# フリートーキング

● やっておいたほうがいいこと

**A**　Track 055

　20代のうちにやっておいたほうがいいことは、資格を取っておくこと、それとできるだけ貯蓄をすることだと思います。結婚して、子どもができると出費が多くなります。大金持ちにはなれないとしても、お金のことで困らない生活を送るには、やはり20代から貯蓄をすることが大切ではないでしょうか。また、勉強をすることはもちろん、時間がある以上は、あちこちに足を運んで、色々な人に出会い、多くの経験をすることも大切だと思います。20代のうちにできるだけ多くの経験をすることで30代からも充実した人生を送ることができるのだと思います。

**B**　Track 056

　仕事や家庭、あるいは他の分野で人生を充実させたいと思うのが30代ではないでしょうか。30代のうちに仕事も人生も人間関係も全てにおいて充実させておきたいものです。先がよく見えない世の中で、取り残されないように、「結婚するか」「子どもを産むか」「いまの職場に居続けるか」など、将来のことも考えながら、自分で決めた方向に進んで行く必要があると思います。そのためには、10代、20代で習得した知識や技術を活かして、キャリアアップをめざすことや仕事以外においても人間関係を広めていくことが今後の人生にも役に立つと思います。

語句　貯蓄(ちょちく) 저축 ｜ 出費(しゅっぴ) 지출 ｜ 取(と)り残(のこ)される 남겨지다, 뒤처지다 ｜ 振(ふ)り返(かえ)る 되돌아 보다, 회고하다, 뒤돌아보다 ｜ 人生設計(じんせいせっけい) 인생 설계

A・Bの文章を使っていろいろ話してみましょう。

### PART I 次の問いに答えなさい。

問題1　Aでは時間がある以上、どんなことも大切だと言っていますか。

問題2　Aでは20代のうちにできるだけ何をすることで、30代からも充実した人生が送れると言っていますか。

問題3　Bでは30代のうちにどんなことをしておきたいと言っていますか。

問題4　Bでは、先がよく見えない世の中で、取り残されないためには、どうする必要があると言っていますか。

問題5　Bではどんなことを活かして、キャリアアップや仕事以外においても人間関係を広めていく必要があると言っていますか。

### PART II 応用会話

1. あなたは20代、30代、40代のうちにやっておくべきことは何だと思いますか。
2. 昔を振り返ってみて、後悔していることはありますか。
3. 働くということに関して最も充実した年代はいつだと思いますか。
   それはなぜですか。
4. あなたが今やるべきことは何だと思いますか。
5. あなたが考える20代、30代、40代の特徴を話しましょう。

#### 会話のキーワード

・ある程度の経験・スキルを積(つ)み、力を発揮(はっき)する：
　어느 정도의 경험・기술을 쌓아 힘을 발휘하다
・できることが制約(せいやく)されてくる：할 수 있는 것이 제약되다
・働くことに慣れる時期：일하는 것에 익숙해지는 시기
・このままでいいのかと考える時期：이대로 좋은가라고 생각하는 시기
・やると決めたことにつき進む時期：한다고 정한 것에 매진하는 시기

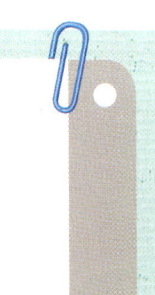

# VOCA+

- 最終学歴(さいしゅうがくれき) 최종 학력
- 修士号(しゅうしごう) 석사 학위
- 博士号(はかせごう) 박사 학위
- 学歴難民(がくれきなんみん) 최고 학력을 갖고 있으나, 원하는 직종에 취업하지 못하고 다른 직종에 취업해 불만족스럽지만 어쩔 수 없이 참고 지내는 사람들.
- 学歴(がくれき)コンプレックス 학력 컴플렉스
- エリート 엘리트
- ニート (NEET : Not currently engaged in Employment, Education or Training) 학교에 가지 않고 직업 훈련도 받지 않는 젊은이
- フリーター 프리타
- 即戦力(そくせんりょく) 훈련을 받지 않고 바로 전투 할 수 있는 능력
- 履歴書(りれきしょ) 이력서
- 大企業(だいきぎょう) 대기업
- 中小企業(ちゅうしょうきぎょう) 중소기업
- ベンチャー企業(きぎょう) 벤처기업
- 格差社会(かくさしゃかい) 격차있는 사회
- 賃金格差(ちんぎんかくさ) 임금 격차
- 人事(じんじ) 인사
- 待遇(たいぐう) 대우
- 終身雇用(しゅうしんこよう) 종신고용
- 実力主義(じつりょくしゅぎ) 실력주의
- 成果主義(せいかしゅぎ) 성과주의
- 出世(しゅっせ) 출세
- 昇進(しょうしん) 승진
- 中堅(ちゅうけん) 중견
- ベテラン 베테랑
- 若手(わかて) 젊은이
- 能力(のうりょく)を活(い)かす 능력을 살리다
- 体力(たいりょく)が落(お)ちる 체력이 떨어지다
- しわが増(ふ)える 주름이 늘다
- お肌(はだ)の曲(ま)がり角(かど) 피부 나이가 급격히 노화되는 시기(시점)
- メタボ 내장 지방 증후군, メタボリックシンドローム의 준말
- 疲(つか)れがたまる 피로가 쌓이다
- 更年期障害(こうねんきしょうがい) 갱년기 장해
- 冷(ひ)え性(しょう) 냉증, 몸이 냉한 체질
- 腰痛(ようつう) 요통
- ヘルニア 탈장
- 四十肩(しじゅうかた) 사십견
- 花(はな)の独身(どくしん) 독신 생활을 즐기는 사람을 일컫는 말

# 第8課
# 思いやり

　日本人が大切にしていることに「思いやり」があります。「思いやり」を辞書で調べると、「他人の身の上や心情に心を配ること。また、その気持ち。」とあります。でも今は、自分のことだけでいっぱいになり、他人のことを考える余裕がなくなりがちです。「思いやり」は本当は簡単なことなのに、残念です。その思いやりを人に伝えるにはどうすればよいでしょうか。今回は「思いやり」について話してみましょう。

**語句** 思(おも)いやり 배려, 헤아림, 동정심 ｜ 身(み)の上(うえ) 신상 ｜ 心情(しんじょう) 심정

# ダイアローグ

 **状況** 大学のキャンパスを歩きながら

Track 057

| | |
|---|---|
| チェ | 初めての韓国旅行どうでした？おもしろいハプニングとかなかったですか。 |
| 宮崎 | そうですね、あっ、一つありました。地下鉄での話なんですけどね。 |
| チェ | 地下鉄？日本と同じでしょ。マンガを読んでる人もいれば、寝てる人もいる。地下鉄なんてどこも変わらないでしょ。 |
| 宮崎 | まぁ聞いて下さいよ。私が大きい荷物を両手に持って、座席に座ってるおばあさんの前に立ってたんですよ。そうしたら、そのおばあさんが自分のひざをトントンってたたくんですよ。私を見ながら。 |
| チェ | あ〜、わかりました。ひざの上に荷物を置きなさいってことでしょ。 |
| 宮崎 | おそらくそうだと思います。でも、最初は全くわかりませんでした。私に、おばあさんのひざの上に座りなさいって言ってくれてるのかと思ったんです。 |
| チェ | まさか。席を譲ると荷物をひざの上に置いてくれる人もいますからね。宮崎さん、席を譲ってあげたんじゃないですか。 |
| 宮崎 | ええ。マナーですから。でも、最近日本では電車のマナーが悪い人が多いんですよ。人目もかまわず大声で騒いだり、若くて元気なくせにお年寄りに席を譲らなかったり……。 |
| チェ | そんなの見たら、私だったら一言注意しないではいられないですね。 |
| 宮崎 | でしょ。私は今度のおばあさんのことを通して、これが優しさや思いやりというものだと思いましたね。日本では、いいことをしてもちょっと恥ずかしいとか、照れがあるんですよね……。 |

**語句** ハプニング 해프닝, 뜻밖의 일 | トントン (가볍게 두드리는 소리)톡톡, 똑똑 | おそらく 어쩌면, 아마 | まさか 설마 | 譲(ゆず)る 양보하다 | 人目(ひとめ) 남의 눈 | 照(て)れ 수줍음, 쑥스러움, 멋쩍음

# クイズ

**クイズⅠ** ダイアローグの内容からの質問です。

1. 宮崎さんは、おばあさんが地下鉄の中で言いたかったことは結局何だったと思っていますか。

2. 宮崎さんは、最近の日本の電車のマナーについて、どう思っていますか。

**クイズⅡ** 次のクイズに答えなさい。

　皆さんにとって電車は身近な乗り物の一つだと思います。そのため、便利に利用できるようにいろいろな工夫や努力をしているようです。では、今日は日本の電車に関する「ウソ・ホント」クイズです。次のことは本当だと思いますか、うそだと思いますか。

1. ラッシュ時や深夜には女性しか利用できない車両がある。ウソ？ホント？

2. ラッシュ時には座席が壁に収納され、座れない車両がある。ウソ？ホント？

3. 北海道と本州の間には海があるので、電車では行けない。ウソ？ホント？

4. 計画中の「中央新幹線」が完成すれば、東京 — 大阪間(約500km)を30分で行けるようになる。ウソ？ホント？

　　身近な存在である電車も、
　　日々、変化・進化しています……

**語句** 工夫(くふう) 궁리 | ラッシュ(rush) 혼잡 | 収納(しゅうのう)する 수납하다

# パタートレーニング

## 1　〜も〜ば、〜も〜：並列の中で、特にバリエーションを表す。　Track 058

A: ①昨日、ホテルのバイキング料理を食べに行きました。
B: どんな②料理がありましたか。
A: ③和食もあれば、④洋食もありましたね。
B: すごいですね。

① 私は新聞記者なんです　② 仕事をするんですか
③ 取材　　　　　　　　④ デザインもしたりします

## 2　〜もかまわず：「〜も気にかけないで、関係なしに」の意味。　Track 059

A: それ、どうしたんですか。
B: さっき、①壁にペンキを塗ったんです。
A: ②それでこんなに壁がきれいになったんですか。すごいですね。
B: ③服が汚れるのもかまわず、④一生懸命塗りましたからね。

① 映画の舞台あいさつでトム・クルーズが来た
② サインがもらえたん　　③ 恥も外聞
④ かけよりました

## 3　〜くせに：逆説表現で、後件には非難する気持ちが表されている。　Track 060

A: ①妹は小さいくせに②バスケットをしたがります。
B: 好きなんですね。
A: ええ。けっこう③苦労しているみたいです。
B: でも④スポーツをするのはいいことですね。

① 弟は負ける　　② 将棋
③ 努力　　　　　④ 頭を使う

次の会話文で単語や表現を入れ替えて会話練習をしてみましょう。

### 4 〜ないではいられない ： 意志ではどうしようもできないことを表す表現。

Track 061

A: ①彼女が明日から展示会をするんです。
B: それは②行ってあげないではいられないですね。
A: 明日③見に行ってきます。
B: ええ、行ってらっしゃい。

① 父の具合が悪い
② 心配し
③ 実家へ

### 5 〜というものだ ： 「一般に〜」という意味を表す。

Track 062

A: 太田さんの彼女、美人ですね。
B: でも①何を考えているかわからなくて。
A: それが②乙女心というものですね。
B: そうですね。

① 化粧を落とすと別人なんです
② 現実

---

**語句** ペンキ 페인트 | 恥(はじ) 수치 | 外聞(がいぶん) 세상 소문, 평판 | かけよる 달려오다, 달려들다 | 乙女心(おとめごころ) 소녀의 예민한 마음 | 将棋(しょうぎ) 장기 | 化粧(けしょう)を落(お)とす 화장을 지우다

# フリートーキング

● 思いやりとは?

**A** Track 063

　私が考える「思いやり」とは、相手の立場に立って物事を考えられることだと思います。親しい者同士にこそ「思いやり」は大切で、人の心が一度傷付けば、これまで築いた関係は一生取り戻せないということもあります。相手をいたわりながら、相手にとってどうすることがいいのかをよく考える必要があると思います。偽善とか「ありがとう」と言われたいためにするものではなく、その人を本気で助けたいと思った上で、発言・行動することが思いやりではないでしょうか。

**B** Track 064

　「思いやり」とは、相手の立場に立って真剣に考えてあげること、そして、自分がされてうれしいことを相手にもすることだと思います。自分がされて嫌なことは、相手も同じです。自分がされてうれしいことを、相手にしてあげるともちろん喜ばれます。ちょっとしたことかもしれませんが、食事を一緒にしたときのコップ一杯の水をつぐだけでも思いやりなのです。「自分さえ良ければいい」と考えるのではなく、他人にも関心を向けて、少しでも気遣いや配慮をすることで、笑顔にあふれた世の中になるのではないでしょうか。

---

**語句** | **親(した)しい** 사이가 좋다, 친하다 | **取(と)り戻(もど)す** 되찾다 | **いたわる** 돌보다 | **偽善(ぎぜん)** 위선 | **つぐ** 따르다, 붓다 | **気遣(きづか)い** 걱정, 염려, 마음씀 | **あふれる** 넘치다 | **おせっかい** 쓸데없는 참견

### A・Bの文章を使っていろいろ話してみましょう。

**PART I**  次の問いに答えなさい。

問題1　A・Bに共通している「思いやり」の考え方は何ですか。

問題2　Aで相手の心が一度傷付けば、どうなる可能性があると言っていますか。

問題3　Aで「思いやり」とはどういう気持ちですることだと言っていますか。

問題4　Bではどんなことをすると相手は喜ぶと言っていますか。

問題5　Bでどういうことをすることで、笑顔にあふれた世の中になると言っていますか。

**PART II**  応用会話

1. あなたが考える思いやりとは何ですか。
2. あなたが人にされてうれしいと思うことは何ですか。
3. あなたが人にされておせっかいだと感じる時はどんな時ですか。
4. なぜ人を思いやる心が必要なのだと思いますか。
5. あなたが今までに思いやりがある人だと感じた人はどんな人でしたか。

### 会話のキーワード

- 人を幸福(こうふく)にすること : 사람을 행복하게 하는 것
- 相手の心を察(さっ)する : 상대방 마음을 헤아리다
- 相手に関心や興味を持つ : 상대방에게 관심이나 흥미를 가지다
- ちょっとした配慮(はいりょ) : 사소한 배려
- 気配(きくば)り : 배려, 실수가 없도록 이리저리 마음을 씀
- 手を差し伸べる : 손을 뻗다, 손을 내밀다

# VOCA+

- ☐ 心配(こころくば)り 배려
- ☐ 人(ひと)を喜(よろこ)ばす
  남을 기쁘게 하다
- ☐ 人(ひと)のためになることをする
  남에게 도움이 되는 것을 하다
- ☐ 人(ひと)にやさしくする
  남에게 상냥하게 하다
- ☐ 相手(あいて)の気持(きも)ちになる
  상대방의 기분이 되다
- ☐ 人(ひと)に嫌(いや)な思(おも)いをさせない
  남에게 불쾌한 감정이 들게 하지 않다
- ☐ 人(ひと)を傷(きず)つけない
  남에게 상처 입히지 않다
- ☐ 人(ひと)を不幸(ふこう)にしない
  남을 불행하게 하지 않다
- ☐ 相手(あいて)を幸福(こうふく)にする
  상대를 행복하게 하다
- ☐ 相手(あいて)のことを気(き)にかける
  상대를 걱정하다
- ☐ 相手(あいて)の気持(きも)ちを想像(そうぞう)する 상대의 기분을 상상하다
- ☐ 相手(あいて)のためを考(かんが)える
  상대를 위해 생각하다
- ☐ 相手(あいて)の幸福(こうふく)を考(かんが)える 상대의 행복을 생각하다
- ☐ 人(ひと)に接(せっ)する 사람을 접하다
- ☐ 行動(こうどう)に移(うつ)す 행동으로 옮기다
- ☐ 実践(じっせん)する 실천하다
- ☐ 悲(かな)しみを分(わ)かち合(あ)う
  슬픔을 분담하다
- ☐ 慰(なぐさ)める 위로하다
- ☐ 共(とも)に喜(よろこ)ぶ 함께 기뻐하다
- ☐ 相手(あいて)の状況(じょうきょう)を受(う)け止(と)めて対処(たいしょ)する
  상대방의 상황을 받아 들여 대처하다
- ☐ 人(ひと)の気持(きも)ちを推(お)し量(はか)る 남의 기분을 헤아리다
- ☐ 配慮(はいりょ)の細(こま)かさ 배려의 섬세함
- ☐ 人(ひと)をほめる 남을 칭찬하다
- ☐ 明(あか)るい笑顔(えがお)で接(せっ)する
  밝은 미소로 접하다
- ☐ 情(なさ)けが深(ふか)い 정이 깊다
- ☐ 人(ひと)の痛(いた)みを受(う)け止(と)める 남의 아픔을 받아 들이다
- ☐ 人(ひと)と共感(きょうかん)し合(あ)える
  남과 서로 공감하다
- ☐ 相手(あいて)の立場(たちば)に立(た)つ
  상대 입장에 서다
- ☐ 励(はげ)ます 격려하다
- ☐ 相手(あいて)を慈(いつく)しむ
  상대방을 사랑하다

# 第9課
# 人間観察

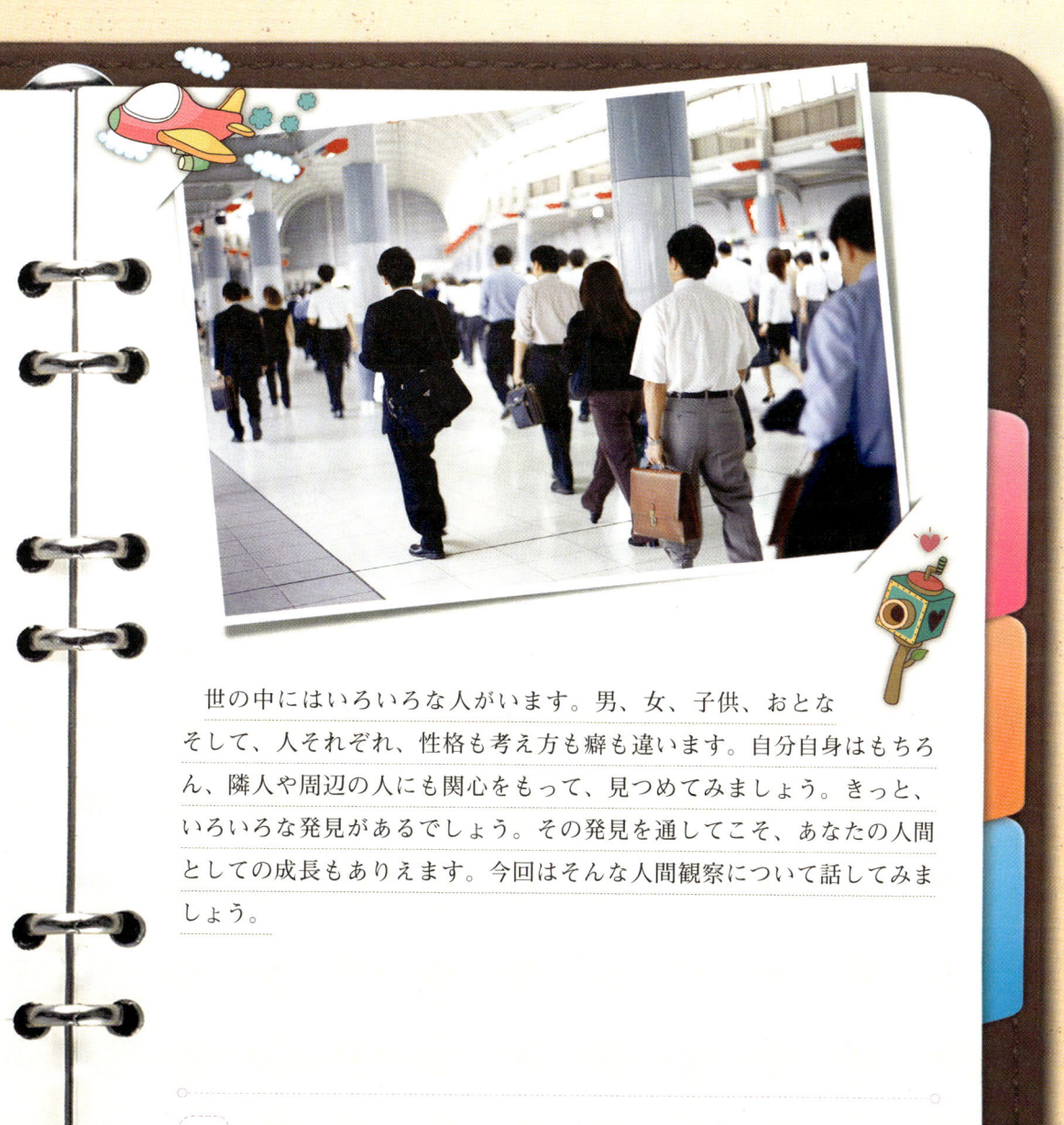

　世の中にはいろいろな人がいます。男、女、子供、おとな　そして、人それぞれ、性格も考え方も癖も違います。自分自身はもちろん、隣人や周辺の人にも関心をもって、見つめてみましょう。きっと、いろいろな発見があるでしょう。その発見を通してこそ、あなたの人間としての成長もありえます。今回はそんな人間観察について話してみましょう。

語句　観察(かんさつ)する 관찰하다 ｜ 隣人(りんじん) 이웃

# ダイアローグ

 状況　大学のキャンパスを歩きながら

Track 065

チェ　でも、電車の中って、いろんな人がいますよね。私、人間観察するのが好きで、よく見てるんですよ。

宮崎　おもしろいですか。知らない人を観察して。

チェ　おもしろいですよ。「この人、新入社員に違いない」とか、「この二人、けんかしたな」とか、観察するといろいろわかるんですよ。

宮崎　へ〜、今度やってみようかな。あっ、電車の中といえば、サラリーマンが電車の中でゲームをするのってどう思います？

チェ　あ〜、今日も、電車に乗ってきて座るか座らないかのうちにもうゲームを始めた人がいましたね。私はちょっと気になりますね。

宮崎　そうですか。私の兄が会社で注意されたらしいんです。でも、通勤時間は長いし、仕事も大変なわりに給料は上がらないし、それくらいいいんじゃないかと思いますけどね。ストレスたまりますよ。

チェ　ん〜、でも電車の中ではいろんな人が見てますからね。迷惑さえかけなければいいというものでもないんじゃないですか。

宮崎　あと、お化粧もよく問題にされますよね。それはどう思います？

チェ　私の個人的な考えからすると、やはり化粧は家でしてきた方がいいと思いますね。朝は忙しいんでしょうけど。

宮崎　私はあまり気にならなかったんですけど、今日、驚いたことに、揺れる電車の中で立ったままお化粧を始めた人を見たんです。これにはちょっと……。

---

語句　通勤（つうきん）통근 ｜ 給料（きゅうりょう）급여, 임금 ｜ たまる 쌓이다, 모이다 ｜ 驚（おどろ）く 놀라다

# クイズ

**クイズI** ダイアローグの内容からの質問です。

1. 宮崎さんは、サラリーマンが電車の中でゲームをすることについて、どう思っていますか。

2. チェさんは、電車の中で化粧する人を見て、どう思いましたか。

**クイズII** 次のクイズに答えなさい。

　日本は、電車内のアナウンスが多い国だと言われています。親切、安全、周囲への迷惑を考えてのことでしょう。次のアナウンスは、実際、日本の電車の中で聞かれるものです。では、クイズです。1～4の_____に入るものを_____の中から選んでください。

1. 安全：「電車が_____。ご注意ください。」

2. 座席：「座席は譲り合って、詰めてお掛けください。_____。皆さまのご協力をお願いいたします。」

3. 座席の座り方：「_____、他のお客様のご迷惑となります。座席にお座りになる際は、……」

4. 新聞の読み方：「混雑した車内で新聞を広げますと、周りのお客様のご迷惑となります。新聞は_____、ご協力お願いいたします。」

> 小さく折りたたんでお読みくださいますよう
> 足を投げ出したり、組んだりされますと
> カーブを通過します
> 車内への危険物の持ち込みは禁止されております
> 長い座席は7人掛け、短い座席は3人掛けです

新幹線のアナウンスにはこんなものもありますよ。
「現在、富士山がきれいに見えております」

# パタートレーニング

## 1　〜に違いない ：強い確信を表す表現。

Track 066

A：最近、冬でも暖かいですね。
B：①川もあまり凍らなくなりましたよね。
A：②温暖化の影響に違いありませんね。
B：そうですね。

① 雪も少なく
② 東北の人の生活も楽になった

## 2　〜か〜ないかのうちに ：同じ動詞を繰り返して、「ほとんど時間が経っていないうちに」の意味を表す。

Track 067

A：すごい列ですね。
B：ええ。①ここのチーズケーキは大人気なので、②午後になるかならないかのうちに売切れてしまうんです。
A：それを聞いたらますます③食べたくなりました。
B：じゃ、早く私たちも並びましょう。

① 浜崎あゆみのコンサート
② 発売から1時間たつかたたないか
③ コンサートに行きたく

## 3　〜わりに ：「一般的に考えられている基準に比較して」という意味。

Track 068

A：①お昼はお弁当にしましょう。
B：いいですね。
A：②ここのお弁当は器が小さいわりに③たくさん入っているんですよ。
B：楽しみです。

① 高尾山に登り　　② あの山は高い
③ だれでも登れる

次の会話文で単語や表現を入れ替えて会話練習をしてみましょう。

### 4　～からすると： 判断の手がかりを示す表現。

A：①合格発表を見てきました。
B：その②様子からすると③合格したんでしょうね。
A：ええ、わかりましたか。
B：もちろんですよ。

① 遊園地に行って
② 服装
③ ディズニーランド

### 5　～ことに： 後件で述べようとする内容に対する心情を、前件であらかじめ表す際に用いる表現。

A：①司法試験は受けましたか。
B：ええ、②驚いたことに③前日勉強したことが出たんですよ。
A：それはついていましたね。
B：あとは④結果を待つばかりです。

① 結婚式場は予約し
② 幸運な
③ 予約が空いていた
④ 式

---

語句　凍(こお)る 얼다 ｜ 温暖化(おんだんか) 온난화 ｜ 売切(うりき)れ 매진 ｜ 器(うつわ) 그릇 ｜ 司法試験(しほうしけん) 사법시험 ｜ 空(あ)く 비다

# フリートーキング

● 人間観察

**A**

　私は通勤電車の中で人間観察をしてしまいます。たぶんこの人は、「こういう生き方をしてきたのだろう」「今日は機嫌が悪そうだ」などといった勝手な想像をしながら見ています。「人間観察が好き」と言うと嫌がられそうですが、自分の足りない部分を考え直したりすることもできておもしろいです。また、電車の中だと子供から大人まで様々な人がいるので、ファッションチェックもできます。「あの人おしゃれだな」「あの人が持っているかばん、かわいいな」などおしゃれの勉強もしています。

**B**

　私は気付かないうちに人間観察をしていることがよくあります。特に地下鉄を待っている時や地下鉄の中で、皆何を考えているのだろうと気になってつい見てしまいます。でも、その時その人と目が合ってしまうと焦ってしまい気まずくなります。電車の中では空間的に余裕があり、じっくりと観察ができるため、勝手極まりない想像をしてしまうのでしょう。話し方、表情には、その人特有の表現方法があり、人間は第一印象で決まると言われますが、その通りだと思います。目の前にいる人が何を考えているのか「表情」「動作」「言動」等から推理するだけでもおもしろいものです。

**語句**　考(かんが)え直(なお)す 다시 생각하다 | 焦(あせ)る 초조해하다 | 気(き)まずい 거북하다 | じっくり 꼼꼼이, 차분히 | 特有(とくゆう) 특유 | 第一印象(だいいちいんしょう) 첫인상 | 言動(げんどう) 언행 | 推理(すいり) 추리

A・Bの文章を使っていろいろ話してみましょう。

**PART I** 次の問いに答えなさい。

問題1　Aでは人間観察はどんな点でおもしろいと言っていますか。

問題2　Bでどうして人間観察をしている途中に気まずくなることがあると言っていますか。

問題3　Aで電車の中にはどんな人がいると言っていますか。

問題4　Bでは話し方、表情にはどんな特徴があると言っていますか。

問題5　Bでは何をするだけでもおもしろいと言っていますか。

**PART II** 応用会話

1. あなたはどんな時に人間観察をしますか。

2. 人間観察であなたが一番見るところはどこですか。

3. 人間観察をする人をどう思いますか。

4. 人間観察をしているとき、見ている人と目が合ったらどうしますか。

5. 今まで見た中で一番思い出に残っている人はどんな人ですか。

### 会話のキーワード

- 人を見抜(みぬ)く技術 : 사람을 간파하는 기술
- 話し方や雰囲気が重要である : 말투나 분위기가 중요하다
- 妄想(もうそう) : 망상

第9課　人間観察・81

# VOCA+

- 人格(じんかく) 인격
- 気質(きしつ) 기질
- 態度(たいど) 태도
- 価値観(かちかん) 가치관
- 欲求(よっきゅう) 욕구
- 自己意識(じこいしき) 자기의식
- 自分自身(じぶんじしん)への関心(かんしん) 자기 자신에게의 관심
- 顔(かお)の表情(ひょうじょう) 얼굴의 표정
- 顔色(かおいろ) 안색
- 視線(しせん) 시선
- 身振(みぶ)り 몸짓
- 手振(てぶ)り 손짓
- 体(からだ)の姿勢(しせい) 몸의 자세
- 相手(あいて)との物理的(ぶつりてき)な距離(きょり) 상대방과 물리적인 거리
- 暖(あたた)かい人間関係(にんげんかんけい)の確立(かくりつ) 따뜻한 인간 관계의 확립
- 欲求不満(よっきゅうふまん) 욕구 불만
- 受容(じゅよう) 수용
- 冷静(れいせい) 냉정
- 高(たか)い知的能力(ちてきのうりょく) 높은 지적 능력
- 安定(あんてい)した精神状態(せいしんじょうたい) 안정된 정신 상태
- 現実的知覚(げんじつてきちかく) 현실적 지각
- 技能(ぎのう) 기능
- 正確(せいかく)な現実認識(げんじつにんしき) 정확한 현실 인식
- 認知(にんち) 인지
- 情緒的均衡(じょうちょてききんこう) 정서적 균형
- 健康(けんこう)なパーソナリティ 건강한 인격
- 自己客観化(じこきゃっかんか) 자기 객관화
- 洞察(どうさつ) 통찰
- 人生哲学(じんせいてつがく) 인생철학
- せっかち 성급함, 조급함
- のんびり屋(や) 태평한 사람
- 怒(おこ)りっぽい 걸핏하면 화내다
- 大胆(だいたん) 대담
- 男勝(おとこまさ)り 여자로서 남자 못지 않게 씩씩하고 굳건함
- キョロキョロする 두리번두리번거리다

# 第10課
## 自由会話

◉ 下の質問について自由に話し合ってみましょう。

1. 大きな変化が予想される「22世紀」といえども、これは変わらないだろうと思うものは何ですか。

2. 最近生活上、困っていることはありますか。

3. 自分の経験上、役に立った「ことば」はありますか。

4. ゴミ問題をめぐって、韓国ではどんな方策がとられていますか。

5. ボランティアをするうえで、あなたは何が大切だと思いますか。

6. 他の人にはどうでもいいことかもしれないけど、「私にとっては大切なこと」を教えてください。

7. 「これは私にとってはぜいたくだった」というもの(こと)がありますか。

8. 最近、友達のかわりに何かをしてあげた経験はありましたか。

9. 「立ちっぱなし」の仕事と、「座りっぱなし」の仕事ではどちらのほうがつらいと思いますか。

10. 結婚したといえども、「これだけは変えたくない・変えない」というものは何ですか。

11. ある年齢になったのを契機に、始めてみたいことはありますか。




12. マナーについて、意識を変えない限りよくならないと思うものがありますか。




13. 日本の地下鉄では大人でもマンガを読んでいる人もいれば、ゲームをしている人もいます。韓国ではどうですか。またこのことについてどう思いますか。




14. 「この人、新入社員/新入生に違いない」、その人のどこを、何を見てそう思いますか。




15. 「一生懸命頑張ったわりに、うまくいかなかった」、こんな経験はありますか。そんな時はどうしますか。

# 第11課
# 今日の運勢

　あなたは占いを信じますか。人の人生は生まれた時から、運に支配されており、生年月日、時間、血液型、姓名などが、運勢に影響を与えると考える人もいれば、人生は自らの意思と努力で、切り開いていくものだと考える人もいます。人生には上り坂の時もあれば、下り坂の時もあります。自分の力で変えられるものもあれば、どうしても変えられないものもあります。今回は、私たちの人生と運勢について、話し合いましょう。

**語句** 占(うらな)い 점 | 支配(しはい) 지배 | 姓名(せいめい) 성명 | 運勢(うんせい) 운세 | 切(き)り開(ひら)く 열다 | 上(のぼ)り坂(ざか) 오르막길, 상승기 | 下(くだ)り坂(ざか) 내리막길, 내리막, 쇠퇴기

# ダイアローグ

 **状況**　チョンさんが会社の会議に遅刻してきた

- **青木**　チョンさん、早く早く！もう会議始まってますよ。あれ？傘、差さないで来たんですか。

- **チョン**　はい。遅れてすみません。やっぱり、今日の私、最悪のようです。

- **青木**　何ですか、最悪って。もう、チョンさんらしくないですね。どうしたんですか。

- **チョン**　朝、たまたまテレビで今日の運勢を見たんですよ。そうしたら、「今日は何をやってもうまくいかない」って書いてあって……。

- **青木**　それで、そんなに元気がない*わけ*ですね。チョンさん、そんなの信じてるんですか。

- **チョン**　だって、曇りの日はだいたい傘を持って来るんですけど、持ってない日*に限って*雨は降り出すし、急いでる時*に限って*ホームに着いたら電車は出たばかりだし……。

- **青木**　たまたまですよ。それより、早くタオルでふいて、会議室に行ってくださいよ。「今日の運勢が」なんて言っちゃだめですよ。

- **チョン**　はい、わかってます。運勢なんて言い訳*にほかならない*ですからね。会議でそんなこと言いませんよ。

- **青木**　そうですよ、謝る時はきちんと謝る*ことです*よ。はい、頑張って！いってらっしゃい！

● 会議が終わって

- **青木**　会議、どうでした？あれ？まだ元気ないですね。

- **チョン**　それが……、緊張*のあまり*、「今日の運勢が」って言ってしまったんです。やっぱり、今日の私、最悪です。

---

**語句**　たまたま 가끔, 간혹, 우연히 ｜ 曇(くも)り 흐림 ｜ ふく 닦다, 훔치다 ｜ 言(い)い訳(わけ) 변명, 핑계 ｜ 謝(あやま)る 사과하다, 용서를 빌다

# クイズ

**クイズI** ダイアローグの内容からの質問です。

1. どうしてチョンさんは会社に来てすぐ、「やっぱり、今日の私、最悪のようです」と言いましたか。

2. どうしてチョンさんは会議で、「今日の運勢が」と言ってしまいましたか。

**クイズII** 次のクイズに答えなさい。

　「今日の自分はついているのか？それとも、ついていないのか？」気にする人は多いと思います。最近、日本でも「風水」がはやっています。風水の基本は掃除と言われ、どこを掃除するかによって、運気が変わってくるそうです。さて、今日のクイズは風水からです。どこを掃除すれば、どんな運気が上がるでしょうか。線でつないでみてください。

　　　　　金運 •　　　　　　　　• 玄関

　　　　　健康運 •　　　　　　　• トイレ

　　　　　仕事運 •　　　　　　　• 浴室

　　　　　恋愛運 •　　　　　　　• 台所

風水を信じなくても、部屋の掃除はしましょう！！

---

**語句**　ついている 운이 있다 ｜ ついていない 운이 없다 ｜ 風水(ふうすい) 풍수

# パターントレーニング

## 1 〜わけだ ：原因・理由があって「〜のは当然だ」という意味を表す。 Track 074

A: ①その傷はどうしたんですか。
B: ②犬を散歩させていて、引っ張られて、ころんでしまいました。
A: ③犬の方が力があったというわけですね。
B: ええ、ちょっと④気を抜いたばかりに…。

① いつもの時計
② 朝、時間がなくて、忘れてきて
③ 寝坊した
④ 昨日の晩、無理した

## 2 〜に限って ：前件の場合に特に、望ましくないことが起きてしまうと感じることを表す表現。 Track 075

A: ああ、もう！なんでなんだ！
B: どうしたんですか。急に叫んだりして。
A: 重要な①文書を作成している時に限って、②コンピューターがフリーズするんですよ。
B: そうですか。でも③バックアップはとってあるんでしょう？大丈夫ですよ。

① 場面
② PKを外す
③ まだ前半戦

## 3 〜にほかならない ：「それ以外にない」「まさにそのものだ」のような強い断定を表す。 Track 076

A: どうしたんですか。そんな暗い顔をして……。
B: ①母にひどくしかられてしまって……。
A: ②母親が子供をしかるのは愛情があるからにほかならないと思いますよ。
B: そうなんですかね。でも気持ちは暗くなるばかりですよ。

① 最近、食べすぎで、太って
② 食欲があるのは健康な証拠

## 4 ～ことだ ： 自分が考える最良の意見を述べて、忠告する表現。 Track 077

A: ①大学院に行くか就職するか迷っています。
B: ②ご両親は何とおっしゃっていますか。
A: ③大学院に行ってもらいたいみたいです。
B: ④ご両親の期待を裏切らないことですよ。

❶ ハイブリッドカーを買うか普通のにするか
❷ 奥さん
❸ 普通のを買いたい
❹ 奥さんの希望を聞いてあげる

## 5 ～のあまり ： 理由を述べる表現で、その理由が極端に度を越えていることを表す。 Track 078

A: ①あの人はご主人を突然交通事故でなくしました。
B: それは②お気の毒ですね。
A: ③悲しみのあまり、④白髪になってしまいました。
B: そうだったんですか。人生ってわからないものですね。

❶ 音信不通だった友人に町で偶然会いました
❷ びっくり
❸ うれしさ
❹ 抱きついて

**語句** 引(ひ)っ張(ぱ)る 잡아끌다, 끌어당기다 ｜ 気(き)を抜(ぬ)く 긴장을 늦추다 ｜ 叫(さけ)ぶ 외치다, 부르짖다 ｜ フリーズ PC가 움직이지 않게 되다 ｜ PK (축구에서) 패널티킥 ｜ 前半戦(ぜんはんせん) 전반전 ｜ 証拠(しょうこ) 증거 ｜ 裏切(うらぎ)る (예상에) 어긋나다, 배반하다 ｜ ハイブリッドカー 하이브리드 카 ｜ 白髪(しらが) 백발 ｜ 音信不通(おんしんふつう) 소식불통 ｜ 抱(だ)きつく 달라붙다, 달려 들어 안기다

# フリートーキング

● 占いを信じる?信じない?

### A

Track 079

　私は朝、テレビ番組でやっている星座占いを見るのが日課になっています。結果が良くない時は気にしないようにしています。逆に結果が良かった時には、1日中ハッピーな気分でいられます。占い一つで何かが決まるわけではありませんが、自分の新たな道が見えてくるような気がするので、信じます。「良い結果ならこう頑張る」、「悪い結果ならここを注意する」、というように、占いをもとにどこまで努力できるかを考えて有効に利用すれば、占いをすることは決して悪くないと思います。

### B

Track 080

　私は子供の頃は占いを毎朝テレビで見ていました。あるチャンネルでは最悪とされた私の星座が、違うチャンネルで見てみるとそんなに悪くないのです。結果が違ったその時から、信じられなくなりました。だれでも自分の将来に不安と希望を持っていて、それがどのようになっていくのかを知るために、占いをする人がたくさんいますが、最後は自分が決めることです。私は、占いに左右されるのではなく、自分で運命を変えるきっかけを作ることが自分にとってプラスになると考えます。

語句　星座占(せいざうらな)い 별자리 점 ｜ 新(あら)たな 새로운 ｜ 希望(きぼう) 희망 ｜ 左右(さゆう) 좌우

A・Bの文章を使っていろいろ話してみましょう。

**PART I** 次の問いに答えなさい。

問題1　Aは結果の良し悪しで、どうなると言っていますか。

問題2　Bはなぜ占いを信じられなくなったのですか。

問題3　Bで占いをする人がたくさんいる理由は何だと言っていますか。

問題4　Aは占いをどのように利用すれば、悪くないと言っていますか。

問題5　Bは何が自分にとってプラスになると言っていますか。

**PART II** 応用会話

1. あなたはよく占いをチェックしますか。また、よく見る占いはどんな占いですか。

2. あなたが占いを通して特に知りたいことは何ですか。それはどうしてですか。

3. 占いをした結果、良くないことを言われた場合、あなたはどうしますか。

4. あなたは占いを信じますか。信じませんか。それはどうしてですか。

5. 占いが当たって驚いた、あるいは、信じていたのに当たらなかったという占いにまつわるエピソードを話してください。

### 会話のキーワード

- 星占(ほしうらな)い : 별자리 점
- 牡羊座(おひつじざ) : 양자리
- 牡牛座(おうしざ) : 황소자리
- 双子座(ふたござ) : 쌍둥이자리
- 蟹座(かにざ) : 게자리
- 獅子座(ししざ) : 사자자리
- 乙女座(おとめざ) : 처녀자리
- 天秤座(てんびんざ) : 천칭자리
- 蠍座(さそりざ) : 전갈자리
- 射手座(いてざ) : 사수자리
- 山羊座(やぎざ) : 염소자리
- 水瓶座(みずがめざ) : 물병자리
- 魚座(うおざ) : 물고기자리
- 血液型占い : 혈액형 점
- おみくじ : 신사나 절에서 참배인이 길흉을 점쳐 보는 제비뽑기
- 四柱推命(しちゅうすいめい) : 사주추명 (생년월일의 네 기둥에 준해서 점치는 것)
- 手相占(てそううらな)い : 손금 점, 수상
- タロット占い : 타로점

# VOCA⁺

- 当(あ)たる 맞다
- 評判(ひょうばん)だ 유명하다, 소문나다
- 人相(にんそう) 인상
- 観相(かんそう) 관상
- 占星術(せんせいじゅつ) 점성술
- 相性(あいしょう) 궁합
- バイオリズム 바이오 리듬
- 夢占(ゆめうらな)い 꿈풀이
- 水晶占(すいしょううらな)い 수정 운세
- おみくじ 제비
- 厄(やく) 액
- 厄年(やくどし) 액년, 재난을 당하기 쉬운 해로 남자는 25, 42, 61세, 여자는 19, 33세를 일컬음
- 前厄(まえやく) 액년의 전 해. 또는 그 해에 오는 재난(남자 41세, 여자 32세)
- 後厄(あとやく) 액년의 다음 해. 또는 그 해에 오는 재난
- 厄払(やくばら)い 액막이
- 厄落(やくお)とし 액땜
- お払(はら)い 액막이
- お守(まも)り 부적
- お祈(いの)り 기도
- 当(あ)たるも八卦(はっけ)、当(あ)たらぬも八卦(はっけ) 점이란 맞을 수도 있고, 안 맞을 수도 있다
- ジンクス 징크스
- ラッキーカラー 행운의 색
- ラッキーアイテム 행운의 물건
- 吉(きち) 길
- 凶(きょう) 흉
- 大吉(だいきち) 대길
- 大凶(だいきょう) 대흉

# 第12課
# 地震

　日本は地震が多い国です。そのため以前から、様々な対策や備えがなされてきています。職場や学校などでも、定期的に避難訓練を行い、もしもの時に動揺しないで、落ち着いて行動できるようにしています。「災害は忘れたころにやってくる。」という言葉もありますが、何らかの備えをしておけば、戸惑うことはないでしょう。

語句　備(そな)え 준비, 대비 | 避難(ひなん) 피난 | 動揺(どうよう) 동요 | 戸惑(とまど)う 망설이다, 당황하다

# ダイアローグ

 社内で避難訓練をするかどうかについて会議室で話している

Track 081

田村 それでは、避難訓練を実施するかどうかですが、本当に必要でしょうか。訓練する**に越したことはない**とは思いますが。

斉藤 いいえ、するべきです。大地震はいつ来てもおかしくない**ことから**、我が社**においても**避難訓練は必要だと私は思います。

田村 そうですが、この忙しい時期にすることはないと思いますが。

斉藤 しかし、ここは22階です。避難する**際**、エレベーターは使えませんから、どこからどうやって避難するかは知っておく必要があります。

田村 22階だと津波の心配はありませんけどね。では、具体的に何か避難訓練についての計画はありますか。

斉藤 ええ、まず、実際の訓練**に先立って**、皆さんには地震直後にとるべき行動をＤＶＤで説明しておきます。これは、地震が来たら机の下に避難するとか、出入り口を開けるとかですね。

田村 そう言えば、最近は緊急地震速報というのがあって、私たちは地震が来る前に、知ることができると聞きましたが。

斉藤 ですが、速報を聞いてから地震が来るまでの時間は、数秒から数十秒だそうで……、あっ、揺れてますね、地震ですね、皆さん、机の下に！！

● 地震・約一分間

斉藤 けっこう揺れましたね。震度3か4くらいでしょうか。このくらいの地震でもやはり一瞬どうしていいかわからなくなりますね。

田村 ……いつごろ避難訓練をしましょうか。

---

語句　津波(つなみ) 해일 ｜ 緊急地震速報(きんきゅうじしんそくほう) 긴급 지진 속보 ｜ 揺(ゆ)れる 흔들리다 ｜ 震度(しんど) 진도 ｜ 一瞬(いっしゅん) 한 순간

# クイズ

**クイズⅠ** ダイアローグの内容からの質問です。

1. 田村さんは避難訓練を必ずしなければならないと考えていますか。

2. 斉藤さんは、避難訓練について、どんな計画を立てていますか。


**クイズⅡ** 次のクイズに答えなさい。

　日本は地震が多い国です。したがって、日本では、子供のころから学校で避難訓練を経験します。皆さんの国には、地震が少ないかもしれませんが、日本へ来た時に地震にあうおそれもあります。そこで、クイズです。地震が起きた時の行動として、下の1～4は「ホント」でしょうか「ウソ」でしょうか。答えてください。

1. 地震が来たら、急いで外に出る。
　ウソ？ ホント？

2. 窓やドアを開けるのは、地震でそれらが開かなくなるのを防ぐためである。
　ウソ？ ホント？

3. 地震が来たら、机の下などに避難する前に、まずガスレンジなどの火を消す。
　ウソ？ ホント？

4. 外にいる時は、ビルのそばに避難する。
　ウソ？ ホント？


避難も大事ですが、対策も大事ですね。
「備えあれば憂いなし」です。

---

**語句** 防(ふせ)ぐ 방지하다, 막다 ｜ 備(そな)え 준비, 대비 ｜ 憂(うれ)い 슬픔, 근심, 걱정, 한탄

# パターントレーニング

**1** 〜に越したことはない ：「(常識的に)〜するのがいい」という意味で、やや強い勧告の表現。　Track 082

A：明日、①山に登ります。久しぶりなので、ちょっと緊張しますね。
B：それなら、しっかり②持ち物を見直したほうがいいですよ。
A：まあ、そう言っても③簡単な山ですから大丈夫です。
B：④万全な準備をするに越したことはないですよ。そういう甘えが大事故につながるんです。

① 車で海へ行きます　② 車の点検をした
③ 近い　④ きちんと点検する

**2** 〜ことから ：前にあげた内容を原因・理由とする表現で、新聞やかしこまった文書で使われる。　Track 083

A：①この地下鉄の名前は「大江戸線」っていうんですか。
B：ええ、②東京が昔、「江戸」と呼ばれていたことから、この名前になったんですよ。
A：なるほど。確かに土地の特徴にふさわしいネーミングですね。
B：ぜひ一度、③利用してみてください。

① 九州は、別名を「温泉王国」　② 九州は温泉が多い
③ 訪れて

**3** 〜において ：「ある領域で」「それに関して」の意味。　Track 084

A：①このプロジェクトにおいて②検討の必要性を感じますか。
B：ええ、感じます。今のままではいけないと思っていました。
A：何を③検討したらいいと思いますか。
B：まずは④費用の削減と定価だと思います。

① 家庭　② 家事分担
③ 分担　④ 食器洗いとそうじ

98

次の会話文で単語や表現を入れ替えて会話練習をしてみましょう。

**4** ~際 :「~とき」のかしこまった表現で、後ろには積極的な
意志表現が来る。

Track 085

A: ❶部屋を選ぶ際、どんなことを重要視しますか。

B: そうですね。まず、❷日当たりと❸駅からの近さでしょうか。

A: なるほど。値段はあまり気にしないんですか。

B: もちろん気にはなりますが、気に入ることがもっと大事だと思っています。

❶ 服
❷ 材質のよさ
❸ 色

**5** ~に先立って :「~を始める前に」の意味のかたい表現。

Track 086

A: ❶新婚生活に先立って❷不動産屋に行ってきました。

B: そうですか。それで、いい❸ところが見つかりましたか。

A: ええ、最初は苦労したのですが、❹何か所か見つけました。

B: それはよかったですね。

❶ 歴史小説を書く
❷ 図書館
❸ 資料
❹ 何冊

---

**語句** 持(も)ち物(もの) 소지품 | 万全(ばんぜん) 만전 | 甘(あま)え 응석, 어리광 | ふさわしい 어울리다 | 訪(おとず)れる 방문하다 | 削減(さくげん) 삭감 | 家事分担(かじぶんたん) 가사 분담 | 食器洗(しょっきあら)い 설거지 | 日当(ひあ)たり 일조, 볕이 듦, 볕이 드는 장소 | 不動産屋(ふどうさんや) 부동산 중개업소 | 苦労(くろう) 고생, 수고

第12課 地震・99

# フリートーキング

● 地震対策

## A
Track 087

　地震が起きたときは、まず身の安全を最優先します。急いで机やテーブルの下に身を隠したり、家具の少ない部屋へ移動します。机やテーブルがない場合がありますが、そのときは座布団や本などで頭を保護します。また、家族の安全を確認するために声かけをします。いつどこで地震にあってもあわてないように、地震対策について考えておきたいと思います。

## B
Track 088

　何はともあれ、まずは身体の安全確保が第一だと思います。過去の地震のデータによれば、大きな揺れは1分以上も続くわけではないと聞きました。もし目の前で火を使っていた場合で、揺れが小さい場合は、すぐに火を消すようにします。しかし、激しい揺れの場合は揺れがおさまってから火を消し、ガスの元栓も閉めるというふうに行動をすると思います。何より、まずはあわてずに落ち着いて行動できるようにしたいと思います。

語句　最優先(さいゆうせん) 최우선 ｜ 隠(かく)す 숨기다 ｜ 元栓(もとせん) 가스관·수도관 등의 계량기 옆에 있는 개폐(開閉) 장치 ｜ 何(なに)はともあれ 뭐니뭐니해도, 여하튼, 어쨌든 ｜ おさまる 안정되다 ｜ あわてる 당황하다, 허둥대다

## A・Bの文章を使っていろいろ話してみましょう。

**PART I** 次の問いに答えなさい。

問題1　A・Bとも、まず何を優先すると言っていますか。

問題2　Aでは地震が起きたときどうすると言っていますか。

問題3　Bで過去のデータによれば大きな揺れはどうだと言っていますか。

問題4　Bで火を使っていて、激しい揺れのときはどうすると言っていますか。

問題5　地震が起こる前に地震対策について考えておくというAの意見に対して、Bは何と言っていますか。

**PART II** 応用会話

1. あなたは地震をどのように思っていますか。

2. 地震に対して、普段から何を備えておく必要があると思いますか。

3. 今日からできる地震対策にはどのようなものがあると思いますか。

4. あなたの国では地震に対してどんな対策がされていますか。

5. 地震が発生したときに、あなたが大事だと思うことは何ですか。

### 会話のキーワード

- 非常持(ひじょうも)ち出し袋を用意(ようい)している : 비상용 주머니를 준비하고 있다
- 避難(ひなん)する場所や避難経路を確認する : 피난하는 장소나 피난 경로를 확인한다
- 懐中電灯(かいちゅうでんとう) : 회중전등
- 水や食料 : 물이나 식료
- 救急用品(きゅうきゅうようひん) : 구급용품
- 冷静(れいせい)な判断(はんだん)と行動(こうどう) : 냉정한 판단과 행동
- 国や自治体(じちたい)の迅速(じんそく)な行動 : 나라나 자치단체의 신속한 행동
- 地震・雷(かみなり)・火事・おやじ : 지진, 천둥, 화재, 아버지
  (오래전부터 일본인이 무섭게 여기는 것들)

## VOCA+

- 停電(ていでん) 정전
- 洪水(こうずい) 홍수
- 火山噴火(かざんふんか) 화산 분화
- 避難訓練(ひなんくんれん) 피난 훈련
- 待避場所(たいひばしょ) 대피 장소
- 人災(じんさい) 인재
- 遭難(そうなん) 조난
- 捜索隊(そうさくたい) 수색대
- 断水(だんすい) 단수
- 土砂崩(どしゃくず)れ 토사 붕괴
- がけ崩(くず)れ 절벽 붕괴
- 地割(じわ)れ 땅이 갈라짐
- ライフライン 라이프 라인 (수도, 전기, 가스 등) 생활, 생명을 유지하기 위한 네트워크 시스템
- 余震(よしん) 여진
- 生(い)き埋(う)め 생매장
- けが人(にん) 부상자, 다친 사람
- 負傷者(ふしょうしゃ) 부상자
- 死者(ししゃ) 죽은 사람, 사망자
- 非常食(ひじょうしょく) 비상식량
- 行方不明(ゆくえふめい) 행방 불명
- 救急車(きゅうきゅうしゃ) 구급차
- 援助(えんじょ) 원조
- 救出(きゅうしゅつ) 구출
- レスキュー隊(たい) 인명 구조대
- 非常口(ひじょうぐち) 비상구
- 非常階段(ひじょうかいだん) 비상 계단
- 災害予想図(さいがいよそうず) 재해 예상도
- ハザードマップ 해저드 맵, 긴급 대피 경로도
- 乾(かん)パン 건빵
- ミネラルウォーター 미네랄 워터
- 注意報(ちゅういほう) 주의보
- 警報(けいほう) 경보
- トラウマ 트라우마
- 防災(ぼうさい)マニュアル 방재 메뉴얼
- 情報提供(じょうほうていきょう) 정보 제공
- 危険区域(きけんくいき) 위험 구역
- 非常用品(ひじょうようひん) 비상용품
- マグニチュード 마그니튜드. 지진의 규모를 나타내는 단위

# 第13課
# ライバル

　自分と同等またはそれ以上の力を持ち、競い合いながら互いを高め合うことのできる相手をライバルと言います。何らかの競争関係において、好ましい状態変化を促す存在であると言われます。ライバル関係として有名なのは、野球で言えば、ジャイアンツとタイガースがそうであり、近代史ではイギリスとフランスのようにさまざまな側面で対抗意識を燃やし、列強国として知られたケースも挙げられます。

**語句** 競(きそ)い合(あ)う 서로 경쟁하다 | 促(うなが)す 재촉하다 | 対抗意識(たいこういしき) 대항의식 | 燃(も)やす 불태우다, 감정·의욕을 고조시키다 | 列強国(れっきょうこく) 열강국

# ダイアローグ

 状況　斉藤さんと青木さん、会社からの帰り道で

斉藤　やっと今週も終わりましたね。今週は長かった～。

青木　ええ、そうですね。でも、斉藤さん、ライバルのおかげで、何とか頑張れたんじゃないですか。

斉藤　え？ライバル？私のライバルですか？ああ～、チョンさんのことですか。会社の皆さん、そんなこと言ってるんですか。

青木　そうですよ。お二人はいいライバルだって。

斉藤　まぁ、そうですね。でも、ライバルはいた方がいいですよ。ライバルがいればこそ、つらい時も頑張れますからね。以前はこんなこと、考えたことすらなかったんですけど……。

青木　いいですね、そういう関係の人がいて。追いつ追われつ、抜きつ抜かれつって感じですかね。マラソンみたい。

斉藤　はい、ライバルの存在なくして、今の私はなかったと思います。

青木　そうですか。お二人を見ていると、ライバルですけど、ただの競争相手には見えませんね。

斉藤　そうですね。信頼関係がないと、ライバルとは言えないんじゃないですか。私たちにはありますよ。ですから、相手をだましてまで勝ちたいとは思いませんね。

青木　そういう関係ってうらやましいですね。ライバルか……。

斉藤　いませんか。仕事上のライバル、趣味のライバル、恋のライバル……。

語句　追(お)う 쫓다 ｜ 追(お)い抜(ぬ)く 추월하다, 따라잡다 ｜ 競争相手(きょうそうあいて) 경쟁 상대 ｜ だます 속이다

# クイズ

**クイズI** ダイアローグの内容からの質問です。

1. どうして斉藤さんはライバルがいた方がいいと言いましたか。

2. どうして青木さんは、斉藤さんとチョンさんの関係を見て、「マラソンみたい」と言いましたか。

**クイズII** 次のクイズに答えなさい。

　ライバルはお互いを高めるためには欠かせない存在でしょう。でも、時にはライバルに「差」をつけたいと思うこともあるのではないでしょうか。そんな時、ビジネスマナーの知識が役に立つかもしれません。そこで、クイズです。日本で次のような状況で車に乗る場合、あなたはどこに座りますか。

1. タクシーにお客様、部長、先輩、そして私の4人が乗ります。

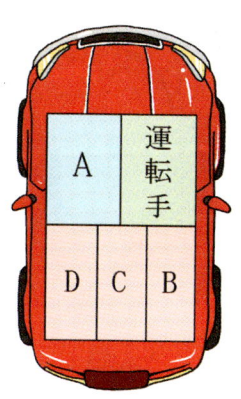

2. 部長が運転する車に、課長と私が乗ります。

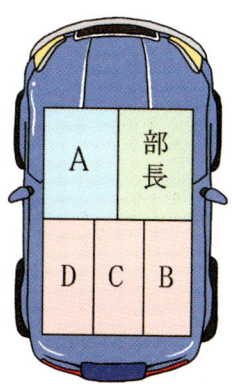

自分以外の人はどこに座るのがいいでしょうか。

---

語句　欠(か)かせない 빠뜨릴 수 없는, 없어서는 안 되는

# パターントレーニング

**1** **〜ばこそ** ： 理由を強調する表現。

A：①たばこはやめなさいって、何回言ったらわかるんですか。
B：そうしたいんですけど、なかなか②やめられないんです。
A：私が好きでこんなことを言っていると思いますか。あなたの③体を思えばこそ忠告しているんですよ。
B：それはよくわかっています。努力してみます。

❶ 週末は子供と過ごしなさい　　❷ 時間が作れない
❸ 子供のことを考えれば

**2** **〜すら** ： 例を取り上げて、「他はもちろんだ」という意味を含んでいる。

A：私は①飛行機が怖くて、②沖縄すら③行ったことがありません。
B：それはめずらしいですね。
A：④船なら大丈夫なんですが。
B：それもいいですけど、何でもチャレンジしてみることが大切ですよ。

❶ 生ものが苦手で　　❷ マグロ
❸ 食べた　　❹ えび

**3** **〜つ〜つ** ： 同じ時間に同じ場所で起こっていることがらを表し、二つの語は反対の意味を表す。

A：①初詣はどうでしたか。
B：それが、②場所が分らなくて、③行きつ戻りつしてしまいました。
A：張り切って出かけていったのに、新年早々、苦労したんですね。
B：そうなんです。さんざんな目にあいました。

❶ 新春バーゲン　　❷ 人が多くて
❸ 押しつ押されつでした

次の会話文で単語や表現を入れ替えて会話練習をしてみましょう。

**4** **〜なくして**：「〜がなかったら」の文語的な表現。　Track 093

A: ❶勉強するのがもういやになりました。やってもやっても何も見えてきません。
B: でも❷苦労なくして、❸成功はありませんよ。
A: そうですよね。それはわかっているんですが、心が折れてしまいました。
B: そんなこと言わずに、もう少しですから、がんばってください。

---

❶ 練習
❷ 努力
❸ 優勝

**5** **〜てまで**：目的のためには手段を選ばないことを非難して、「それほどのことをして」という意味を表す。　Track 094

A: どうしたんですか。そんなに怒ったような顔をして。
B: ❶さっき、電車で突き飛ばされたんです。
A: え？大丈夫ですか。
B: ❷人を突き飛ばしてまで❸席を確保しようとするなんて、ひどいですよね。

---

❶ 彼氏にうそをつかれた
❷ 私にうそをついて
❸ 飲み会に行く

---

**語句**　忠告(ちゅうこく) 충고 | 生(なま)もの 생것, 날것 | マグロ 참치 | えび 새우 | 初詣(はつもうで) 새해의 첫 참배 | 新年早々(しんねんそうそう) 신년 벽두 | さんざん 형편없다, 심하다 | 突(つ)き飛(と)ばす 밀치다, 들이박다

# フリートーキング

● 仕事上のライバル

## A

　毎月営業の数字争いをしている同期の仲間がいます。彼は仕事は速いし、要所要所での判断が的確で、上司から褒められるぐらい優秀です。正直、数字では彼に負けています。でも、私にも彼に勝てることが一つあります。それは、新規のお客様が多い彼に対して、私はリピートのお客様が多いことです。密度の濃いコミュニケーションで、お客様が求めていることを常に考え、お客様を第一に思うことを忘れないよう、日々一生懸命仕事をしています。彼とはプライベートでは友達、仕事上では良きライバルです。

## B

　私達同期生は、仲間同士で気軽に教え合いながらも、仕事上のライバルでもあるので、お互いに刺激を与え合いながら競い合っています。特に、私と同じ部署で働いている同期がいますが、彼は仕事熱心で、任せられた仕事は必ずやり遂げます。彼を見ていると「自分も負けずに頑張らなきゃ」といつも思い、刺激を受けています。私は、たとえライバルに負けたとしても、ライバルに負けることが自分を成長させてくれるのだと思い、日々努力しています。切磋琢磨し合える同期がいることで、自分自身の成長、そして会社の成長へとつながっているのだと思います。

語句　争(あらそ)い 다툼 ｜ 優秀(ゆうしゅう) 우수 ｜ 新規(しんき) 신규 ｜ 密度(みつど) 밀도 ｜ 気軽(きがる)に 마음 부담이 없이 ｜ 任(まか)せる 맡기다 ｜ 切磋琢磨(せっさたくま) 절차탁마 ｜ つながる 연결되다, 이어지다

A・Bの文章を使っていろいろ話してみましょう。

**PART I** 次の問いに答えなさい。

問題1　Aのライバルの相手はどんな人ですか。

問題2　Aがライバルに勝てることは何ですか。

問題3　Bでは同期生とどのように仕事していますか。

問題4　Bで同じ部署で働いている同期はどんな人ですか。

問題5　Bでは切磋琢磨し合える同期がいることで、何につながっていると言っていますか。

**PART II** 応用会話

1. あなたのライバルはだれですか。それはどんな人ですか。

2. ライバルがいる、いないで何が違うと思いますか。

3. どんなときにライバル意識を持ちますか。

4. ライバルに差をつけるためには何をしないといけないと思いますか。

5. あなたにとってライバルとはどんな存在ですか。

### 会話のキーワード

- 大きな励(はげ)みになる：큰 격려가 되다
- 精神的に支(ささ)えてくれる存在(そんざい)：정신적으로 지지해 주는 존재
- 向上心(こうじょうしん)を持って行動できる：향상심을 가지고 행동할 수 있다
- 切磋琢磨(せっさたくま)し合う：서로 절차탁마하다
- 困難を乗り越える：곤경을 극복하다
- 相互的(そうごてき)な競争関係(きょうそうかんけい)：상호적인 경쟁 관계

# VOCA+

- ☐ 器用(きよう)にこなす 손재주가 있게 해내다
- ☐ 要領(ようりょう)が良(よ)い 요령이 좋다
- ☐ 頼(たよ)れる存在(そんざい) 의지할 수 있는 존재
- ☐ 憧(あこが)れる 동경하다
- ☐ 度肝(どぎも)を抜(ぬ)く 깜짝 놀라게 하다
- ☐ 必死(ひっし) 필사
- ☐ 大(おお)きい仕事(しごと)を任(まか)される 큰 일을 맡다
- ☐ 悩(なや)みを相談(そうだん)する 고민을 상담하다
- ☐ 打開策(だかいさく) 타개책
- ☐ 意識(いしき)する 의식하다
- ☐ 足(あし)の引(ひ)っ張(ぱ)り合(あ)い 서로 방해함
- ☐ 優先事項(ゆうせんじこう) 우선 사항
- ☐ 競争社会(きょうそうしゃかい) 경쟁 사회
- ☐ 勉強(べんきょう)ができる 공부를 잘 하다
- ☐ 運動神経(うんどうしんけい)がいい 운동 신경이 좋다
- ☐ 人気者(にんきもの) 인기있는 사람
- ☐ 早食(はやぐ)い 음식을 빨리 먹음
- ☐ ライバル心(しん)を燃(も)やす 라이벌 의식을 불태우다
- ☐ ライバル視(し)される 라이벌로 여겨지다
- ☐ エクセルが得意(とくい) 엑셀이 뛰어남
- ☐ プレゼンに強(つよ)い 프레젠테이션에 강하다
- ☐ フォローする 지원하다, 추적하다
- ☐ 追(お)いつかれてたまるか 따라 잡히지 않을 것이다
- ☐ 追(お)いつき追(お)い越(こ)せ 따라잡아 추월해라
- ☐ 熾烈(しれつ)な点数競争(てんすうきょうそう) 치열한 점수 경쟁
- ☐ 公私(こうし)ともに認(みと)め合(あ)える 공사 모두 서로 인정하다
- ☐ 巡(めぐ)り会(あ)う 우연히 만나다, 드디어 만나다
- ☐ 永遠(えいえん)のライバル 영원한 라이벌
- ☐ 持久力(じきゅうりょく)がある 지구력이 있다
- ☐ 粘(ねば)り強(づよ)い 끈기 있다
- ☐ 行動力(こうどうりょく)がある 행동력이 있다
- ☐ ライバル意識(いしき)を持(も)つ 라이벌 의식을 갖다

# 第14課
# 一人暮らし

　進学・就職とともに、一人暮らしを始める人が多くいます。メリット、デメリット両方考えても、自分の意志の強さが問われます。自立心を養うのは、親から離れるときしか無いのではないでしょうか。だれにも頼らずにひとりで生きていく。そんなときに自分に大きな自信を持つ事が出来ると思います。あなたは、一人暮らしをしたことがありますか。また、してみたいと思いますか。今回はそんな一人暮らしについて話し合いましょう。

**語句** 問(と)う 물어보다 | 自立心(じりつしん) 자립심 | 養(やしな)う 기르다, 양육하다, 배양하다

# ダイアローグ

 **状況** 学生食堂でお昼ご飯を食べながら

**チェ** 宮崎さん、一人暮らし、始めたらしいですね。うらやましいなぁ。私も前から一人暮らししたいと思ってたんですよ。宮崎さんの経験をもとに何かアドバイスしてくださいよ。

**宮崎** アドバイス？チェさん、私が一人暮らしを楽しんでると思ってるでしょ。それが、最初の予想や期待に反して、けっこう寂しいんですよ。

**チェ** えっ、そうなんですか。楽しそうじゃないですか。友達呼んで、ゲームしようが、お酒を飲もうが、だれにも文句言われないし。

**宮崎** 最初だけですよ、楽しいの。この前、インフルエンザにかかったでしょ。この時ほど一人暮らしが心細いと思ったことはありませんね。

**チェ** ん～、確かに病気になったらちょっと心配ですね。

**宮崎** で、そんな時に限って携帯電話が壊れたりするんですよね。だれにも連絡の取りようがなくて、本当泣きたくなりましたよ。

**チェ** そうですか……、でもあきらめきれないですね。一度でいいから一人暮らしやってみたいんですよ。

**宮崎** 経験としてはいいと思いますけどね。でも、私、一人暮らしやめて、実家から通おうと思ってるんです。

**チェ** そうなんですか、もったいない。じゃ、私が宮崎さんにかわって、その部屋に住みますよ。いいでしょ。

**宮崎** そんなのできるわけないじゃないですか。

---

**語句** インフルエンザ 인플루엔자 | 心細(こころぼそ)い (의지할 곳이 없어) 불안하다 | 壊(こわ)れる 고장나다 | あきらめる 단념하다

# クイズ

**クイズI** ダイアローグの内容からの質問です。

1. 宮崎さんは、一人暮らしを楽しんでいますか。

2. どうしてチェさんは、一人暮らしが楽しそうだと言っていますか。


**クイズII** 次のクイズに答えなさい。

　「一度は一人暮らしをしてみたい」、「大学まで遠いので一人暮らしがしたい」、そう思っている人は多いのではないでしょうか。でも、その前に考えなければならないのが、お金です。さて、今日のクイズです。東京周辺の大学に通う学生の「お金」に関する問題です。

東京周辺の大学生の

1. 平均家賃は7万円より「上」か「下」か。

2. 平均通学時間で、一番多いのは1時間である。「上」か「下」か。

3. 平均仕送り額は5万円より「上」か「下」か。

4. アルバイト収入の平均は月8万円より「上」か「下」か。


アルバイトをしなければ、生活は楽ではないようです。
インターネットで東京周辺に住む大学生の生活の様子を調べてみてはどうでしょうか……。

---

**語句** 仕送(しおく)り額(がく) 송금액 ｜ 収入(しゅうにゅう) 수입 ｜ 平均(へいきん) 평균

# パターントレーニング

## 1　〜をもとに ：「〜を材料・根拠・基礎にして」の意味。　Track 098

A: ①昔住んでいた町を見てきました。
B: どうでしたか。感動しましたか。
A: ②記憶をもとに③歩いてきましたが、すっかり変わっていました。
B: そうですか。じゃ、感動というよりいろいろ考えさせられたというところでしょうか。

① 映画「HACHI」　　② 実話　　③ 作られて

## 2　〜に反して ：「(予想や期待)とは違って」の意味。　Track 099

A: ①ジャズのニューアルバムを買ってきました。
B: 最近ちょっとずつ話題になってきているらしいじゃないですか。
A: ええ、②予想に反して③良く売れているそうです。
B: そうですか。今後の活躍がますます楽しみですね。

① 息子の新しい会社を見に行って
② 見た目
③ 中の設備は良かったです

## 3　〜(よ)うが ：「〜ても、関係なく」の意味で、文語的な表現。　Track 100

A: 親友が急に①会社をやめました。
B: このご時世に、ずいぶんと思い切ったことをしましたね。
A: ええ。でも②反対しようが、何度も話し合おうが、聞いてくれませんでした。
B: 仕方ありませんね。何か理由があったんですよ。

① 大学をやめると言いだしたんです
② どんなに説得しようが、なだめようが、とめられ

次の会話文で単語や表現を入れ替えて会話練習をしてみましょう。

### 4 〜ようがない ：「〜する方法がない」の意味。  Track 101

A: 明日はついにピアノコンクールですね。
B: 今、リハーサルをしていました。
A: ①自信はありますか。
B: ②練習をたくさんしたので、③失敗のしようがありません。

❶ 怖くありませんか
❷ でも、ここまで来てしまった
❸ 逃げよう

### 5 〜にかわって ：「〜の代理として」、「〜と交代して」の意味。  Track 102

A: 今日は、①佐藤先生がかぜをひいてしまいました。
B: そうなんですか。じゃ、今日の②授業はどうなるんですか。
A: ③佐藤先生にかわって、私が④授業をします。突然のことで申し訳ありませんが、ご理解ください。
B: 健康のことばかりはどうしようもできませんからね。それでは、よろしくお願いいたします。

❶ 担当の山田
❷ プレゼン
❸ 山田
❹ プレゼン

語句　実話(じつわ) 실화 | ジャズ 재즈 | なだめる 달래다 | プレゼン 프레젠테이션, プレゼンテーション의 준말

# フリートーキング

◉ 一人暮らし

### A

　私は大学生の時から一人暮らしをしています。大学生の時はアルバイト代と親の仕送りで何とか暮らしていけました。働き始めてから親の仕送りはなくなり、私の稼いだお金のみで生活していますが、それがまた大変です。一人暮らしをしたら、親からとやかく言われずに遊べると思っていたのですが、それは間違いでした。むしろ親元にいた方が遊べるのではないかと思います。一人暮らしを実際してみて、家事の大変さを知り、親への感謝の気持ちが芽生えました。

### B

　実家で生活をしていた時は、一人暮らしにあこがれていました。だれにも気兼ねすることなく、プライベートな時間を確保できるのだろうと思っていました。確かに自由な時間は多くなりました。しかし、一人で食事したり、テレビを見たりするのはやはり寂しいものです。また、病気になったとき、けがをしたときに世話をしてくれる人がいないので、これが一番大変です。実家だったら母が看病してくれていましたが、今は自分で何でもしなければいけません。一人暮らしはだれにも頼らず、一人で生きていく力が付きます。

語句　**とやかく** 이러쿵저러쿵, 이러니저러니 | **親元(おやもと)** 부모 슬하 | **芽生(めば)える** 싹트다 | **実家(じっか)** 친가 | **気兼(きが)ね** 스스러움, 어렵게 여김 | **頼(たよ)る** 의지하다, 믿다

A・Bの文章を使っていろいろ話してみましょう。

**PART I** 次の問いに答えなさい。

問題1　Aさんは大学生の時はどのように暮らしていましたか。

問題2　Bさんは一人暮らしをする前は、一人暮らしをどのように考えていましたか。

問題3　Aさんは一人暮らしをすると何ができると思っていましたか。

問題4　Bさんはどんな時が一番大変だと言っていますか。

問題5　Bさんは一人暮らしをすることで、どんな力が付くと言っていますか。

**PART II** 応用会話

1. 一人暮らしにどんなイメージを持っていますか。

2. あなたにとって一人暮らしをする一番の楽しみ、または、メリットは何だと思いますか。

3. 一人暮らしをする上で一番不安な点は何ですか。

4. 一人暮らしの何が大変だと思いますか。

5. 一人暮らしをして、良かったこと、不満なこと、恥をかいたこと、驚いたことなどエピソードを話してみましょう。

### 会話のキーワード

- プライベートが守(まも)れる : 사생활을 지킬 수 있다
- 門限(もんげん)がない : 문 닫는 시간이 없다, 제한된 귀가 시간이 없다
- 不規則な生活を送っても、口うるさく注意されることがない :
  불규칙한 생활을 해도, 잔소리를 듣거나 주의 받을 일이 없다
- 堅実(けんじつ)な金銭感覚(きんせんかんかく)が身に付く : 견실한 금전감각이 몸에 배다
- 親のありがたみ : 부모에게 감사
- 家族の大切さ : 가족의 소중함

# VOCA+

- 大家(おおや)・家主(やぬし) 주인・집주인
- コインランドリー 빨래방
- スーパー銭湯(せんとう) 식사도 할 수 있고 여러 종류의 탕이 있는 현대식 목욕탕
- コンビニ 편의점
- 駅(えき)からの距離(きょり) 역으로부터의 거리
- 部屋(へや)の間取(まど)り 방의 배치
- レンタルショップ DVD, CD 대여점
- 親(おや)の干渉(かんしょう) 부모님의 간섭
- 小言(こごと) 잔소리
- 過労(かろう) 과로
- アルコール依存症(いぞんしょう) 알코올 의존증
- ホームシック 향수병
- 偏食(へんしょく) 편식
- インスタント食品(しょくひん) 인스턴트 식품
- レトルト食品(しょくひん) 레토르트 식품
- 冷凍食品(れいとうしょくひん) 냉동식품
- テイクアウト 테이크 아웃
- 2LDK 방 2개, 거실, 부엌으로 된 방 구조
- 借家(しゃくや) 셋집
- 家賃(やちん) 집세
- 敷金(しききん) 보증금
- 礼金(れいきん) 사례금
- 頭金(あたまきん) 계약금
- 老朽(ろうきゅう) 노후
- 寮(りょう) 기숙사
- 社宅(しゃたく) 사택
- 光熱費(こうねつひ) 광열비
- ガス代(だい) 가스요금
- 水道代(すいどうだい) 수도요금
- 生活費(せいかつひ) 생활비
- 管理費(かんりひ) 관리비
- おそうざい 반찬, 부식
- 銭湯(せんとう) 대중 목욕탕
- 駐車場代(ちゅうしゃじょうだい) 주차장 요금

# 第15課
# 田舎の暮らし

　「刺激がない！」と思われるかもしれない田舎暮らしですが、緑のまぶしさ、芽吹きに体の中からあふれる生命力をふつふつと感じ、採りたての山菜のおいしさと共に、心身ともに健康になって行くことが感じられたと語る人がいます。おいしい空気、水、お米、野菜、お酒……と自然の幸に恵まれ、温泉につかり、野山をかけ、風を感じ、大地に横たわり素敵な景色に囲まれた環境で暮らせたらどれだけすばらしいでしょう。今回は「田舎の暮らし」について考えてみましょう。

語句　まぶしい 눈부시다 ｜ 芽吹(めぶ)く (초목이) 싹트다 ｜ ふつふつと (끓어 오르는 모양) 부글부글 ｜ 採(と)る 뽑다, 채집하다 ｜ 山菜(さんさい) 산나물 ｜ 温泉(おんせん)につかる 온천에 몸을 담그다 ｜ 横(よこ)たわる (가로)눕다, 길게 눕다, 가로놓이다

# ダイアローグ

 **状況** 授業が始まる前の講義室で

チェ　おはようございます。ふぅ〜、もう朝から疲れましたよ。東京は好きですけど、朝のラッシュだけは好きになれませんね。

井上　チェさんもですか。私は田舎の生まれなので、この都会の人の多さや、生活のスピードの速さにはついていけないですね。

チェ　井上さんのご出身って九州でしたよね。一度行ってみたいと思ってるんですけど、どんなところですか。

井上　ん〜、九州はやっぱり温泉ぬきには語れませんね。私の田舎では、ホテルや旅館はもとより、自宅でも天然の温泉に入れるんですよ。ぜいたくでしょ。

チェ　井上さんはどちらかというと、都会より田舎の方が好きなようですね。私は都会の方が好きですけどね。

井上　そうですね、チェさんの性格からみると、チェさん、田舎というより都会向きでしょうね。にぎやかなところが好きそうですし。

チェ　はい、楽しいことはたくさんあるし、便利だし。できれば私はずっと都会で生活したいですね。

井上　田舎もいいですよ。水といい、空気といい、東京とはずいぶん違いますからね。たまに帰るとよくわかるんですよ。

チェ　じゃ、井上さんはいつか九州の方に帰るんですか。

井上　年を取ったら田舎の方がいいなとは思ってますけど。

チェ　でも、逆に年を取るほど都会の方がいいんじゃないですか。病院とか、スーパーとかが近くにあった方が……。

井上　う〜ん、それも一理ありますね。

**語句**　語(かた)る 말하다, 이야기하다 ｜ たまに 어쩌다가, 이따금

# クイズ

**クイズⅠ** ダイアローグの内容からの質問です。

**1** 温泉について、井上さんは何が「ぜいたくでしょ」と言いましたか。

**2** 井上さんが、「田舎もいいですよ」と言うのはどうしてですか。

**クイズⅡ** 次のクイズに答えなさい。

　「私の田舎は九州です」のように、自分のふるさとの意味で「田舎」と言うことがあります。「田舎」には、それぞれのことば(方言)があり、聞けば懐かしく感じられます。テレビでここ数年、関西弁(京都・大阪を中心とした地方のことば)を聞くのは珍しいことではなくなりました。さて、クイズです。下の、関西弁はどんな意味でしょうか。

**1** こんなにたくさん食べられ へん って。

**2** A「それ私の ちゃう ？」
　　B「ちゃうちゃう、ぜったい ちゃう！！」

**3** ちゃんと毎日予習復習 せなあかん よ。

**4** 部長なら、今、食事し てはります けど……。

なんとなくわかるでしょうか……。

# パターントレーニング

## 1 ～ぬきには ：「～なしには」の意味に、もともとあるべきものがないという意味が加わっている表現。

Track 106

A: 明日の①飲み会にはぜひ来てくださいね。
B: もちろんですよ。
A: ②小川さんぬきには③会は盛り上がりませんから。
B: ええ、頑張りたいと思います。

① パーティーには料理を必ず持って
② 料理
③ 持ち寄りパーティーとは言えません

## 2 ～はもとより ：「～はもちろんのこと、その他も～」の意味。

Track 107

A: この①お店は良かったですね。
B: ええ、私もそう思います。ここを選んで大正解でした。
A: ②肉はもとより③おいしいお酒を出してくれますからね。
B: ええ、本当にいい④お店で食べました。

① 大学　　　　　　　　　　② 学問
③ 豊かな人間性を育ててくれます　④ 大学に通いました

## 3 ～からみると ：判断の手がかりを表す表現。

Track 108

A: ①お金持ちになりたいです。
B: え？そうですか。
A: ②お金持ちになって好きなものを思う存分買いたいです。
B: 淑美さんの③持ちものからみると、④もうすでにお金持ちみたいですけど。

① やせ　　　　② スマートになって好きな服を全部着たい
③ 体型　　　　④ どんな服でも似合いそう

次の会話文で単語や表現を入れ替えて会話練習をしてみましょう。

## 4　〜向き：「〜に適している」の意味。　　Track 109

A：すみません。

B：はい、いらっしゃいませ。どんな❶本をお探しですか。

A：この中で❷小学校低学年向きの❸絵本はどれですか。

B：そうですね。こちらなんか、いかがでしょうか。

❶ 部屋
❷ 学生
❸ 部屋

## 5　〜といい、〜といい：批判や評価の意味を持つ、とりたての表現。　Track 110

A：❶ここの店員はあまり親切ではありませんね。

B：言おうか言うまいか私も迷っていましたが、実は私もそう思っていました。

A：❷あの若い女の子といい❸店長といい、❹接客態度は最低です。

B：本当ですよ。文句を言ってやりたいですね。

❶ このボディークリームはあまり良く
❷ 腕
❸ 足
❹ ぼろぼろで

---

語句　盛(も)り上(あ)がる 분위기가 무르익다 ｜ 持(も)ち寄(よ)り 각자가 가지고 모임 ｜ 思(おも)う存分(ぞんぶん) 마음대로, 실컷, 마음껏 ｜ スマート 날씬함, 세련됨 ｜ 体型(たいけい) 체형 ｜ 似合(にあ)う 어울리다 ｜ 絵本(えほん) 그림책 ｜ ぼろぼろ 너덜너덜

# フリートーキング

◉ 田舎暮らし

**A** Track 111

　私の家の目の前は畑です。少し離れたところには田んぼもあります。田舎は不便な面もたくさんありますが、自然が多く、水や空気もきれいで、食べ物もおいしいことから、私は田舎暮らしに満足しています。不便なことといえば、車がないとどこにも行けないことや家の近くに大型スーパーがないことです。また、遠出しないと遊園地などの娯楽施設もありません。でも、おいしい空気と緑豊かな自然、自分で育てた旬の野菜を食べられると思うと田舎暮らしでよかったと実感します。

**B** Track 112

　私は子供の頃は都会暮らしが便利で良いと思っていましたが、年を取るにつれ、田舎暮らしも悪くないと思うようになってきました。都会はどこへ行くにもアクセスが良く、医療・公共機関や、様々なエンターテイメント施設の多いことが大きな魅力だと思います。でもそれ以上に田舎は山や海などの自然が多いことや、騒がしくなく、静かに過ごすことができ、そしてなんと言ってもやはり「近所の人とは顔見知り」といったように横のつながりのあることが魅力です。自然に囲まれると心も和み、自然と優しくなれることが田舎の良さです。

---

**語句**　**大型(おおがた)スーパー** 대형 슈퍼 | **遠出(とおで)する** 멀리 나가다 | **旬(しゅん)の野菜(やさい)** 제철 채소 | **〜につれ** 〜에 따라 | **顔見知(かおみし)り** 아는 사이 | **囲(かこ)む** 둘러싸다 | **和(なご)む** 누그러지다, 온화해지다

A・Bの文章を使っていろいろ話してみましょう。

**PART I** 次の問いに答えなさい。

問題1 Aさんはなぜ田舎の暮らしに満足していますか。

問題2 Aさんは田舎のどんなことが不便だと言っていますか。

問題3 Bさんは年を取るにつれ、田舎暮らしをどう思うようになってきましたか。

問題4 Bさんが思う田舎暮らしの魅力は何ですか。

問題5 Bさんは自然に囲まれて生活するとどうなると言っていますか。

**PART II** 応用会話

1. 住むならあなたは都会派ですか。田舎派ですか。それはどうしてですか。

2. 田舎暮らしに必要なものは何だと思いますか。

3. 田舎暮らしでの人付き合いは、都会暮らしに比べてどうでしょうか。

4. 今、あなたが住んでいるところはどんな町ですか。

5. あなたがあこがれている「理想の場所」を紹介してみましょう。

### 会話のキーワード

- **安い価格で広い家が手に入る** : 싼 가격으로 넓은 집이 손에 들어오다
- **暮らしに潤(うるお)いを持たせる** : 생활에 여유를 갖게 하다
- **山の幸(さち)、海の幸(さち)、旬(しゅん)のものが味わえる** : 산나물, 해산물, 제철 음식 맛을 볼 수 있다

# VOCA+

- ☐ 農村(のうそん) 농촌
- ☐ 漁村(ぎょそん) 어촌
- ☐ エコロジー 생태학
- ☐ 自然食(しぜんしょく) 자연식
- ☐ 有機農法(ゆうきのうほう) 유기농법
- ☐ エコライフ 에코 라이프
- ☐ 地元産農産物(じもとさんのうさんぶつ) 현지 농산물
- ☐ 自然志向(しぜんしこう) 자연 지향
- ☐ 健康志向(けんこうしこう) 건강지향
- ☐ 郷土料理(きょうどりょうり) 향토 요리
- ☐ 特産物(とくさんぶつ) 특산물
- ☐ 産地直売(さんちちょくばい) 산지 직매
- ☐ 果(は)てしない大空(おおぞら) 끝없이 넓은 하늘
- ☐ 広(ひろ)い大地(だいち) 넓은 대지
- ☐ 鳥(とり)のさえずり 새소리
- ☐ 川(かわ)のせせらぎ 시냇물 소리
- ☐ 牛(うし)の鳴(な)き声(ごえ) 소의 울음 소리

- ☐ 風(かぜ)のささやき 바람의 속삭임
- ☐ 静寂(せいじゃく) 정적
- ☐ 紅葉(こうよう・もみじ) 단풍
- ☐ 星空(ほしぞら) 밤하늘
- ☐ 田園住宅(でんえんじゅうたく) 전원 주택
- ☐ 森林浴(しんりんよく) 삼림욕
- ☐ バードウォッチング (bird watching) 버드 워칭
- ☐ 人情(にんじょう) 인정
- ☐ U(ユー)ターン現象(げんしょう) U턴 현상
- ☐ のんびり 유유이, 한가로이
- ☐ 広々(ひろびろ) 넓디넓은
- ☐ ゆったり 여유가 있는 모양, 넉넉히
- ☐ 農業体験(のうぎょうたいけん) 농촌체험
- ☐ 自給自足(じきゅうじそく) 자급자족
- ☐ 週末農業(しゅうまつのうぎょう) 주말 농업
- ☐ レジャー 레저
- ☐ 別荘(べっそう) 별장

# 第16課
# 勝負服

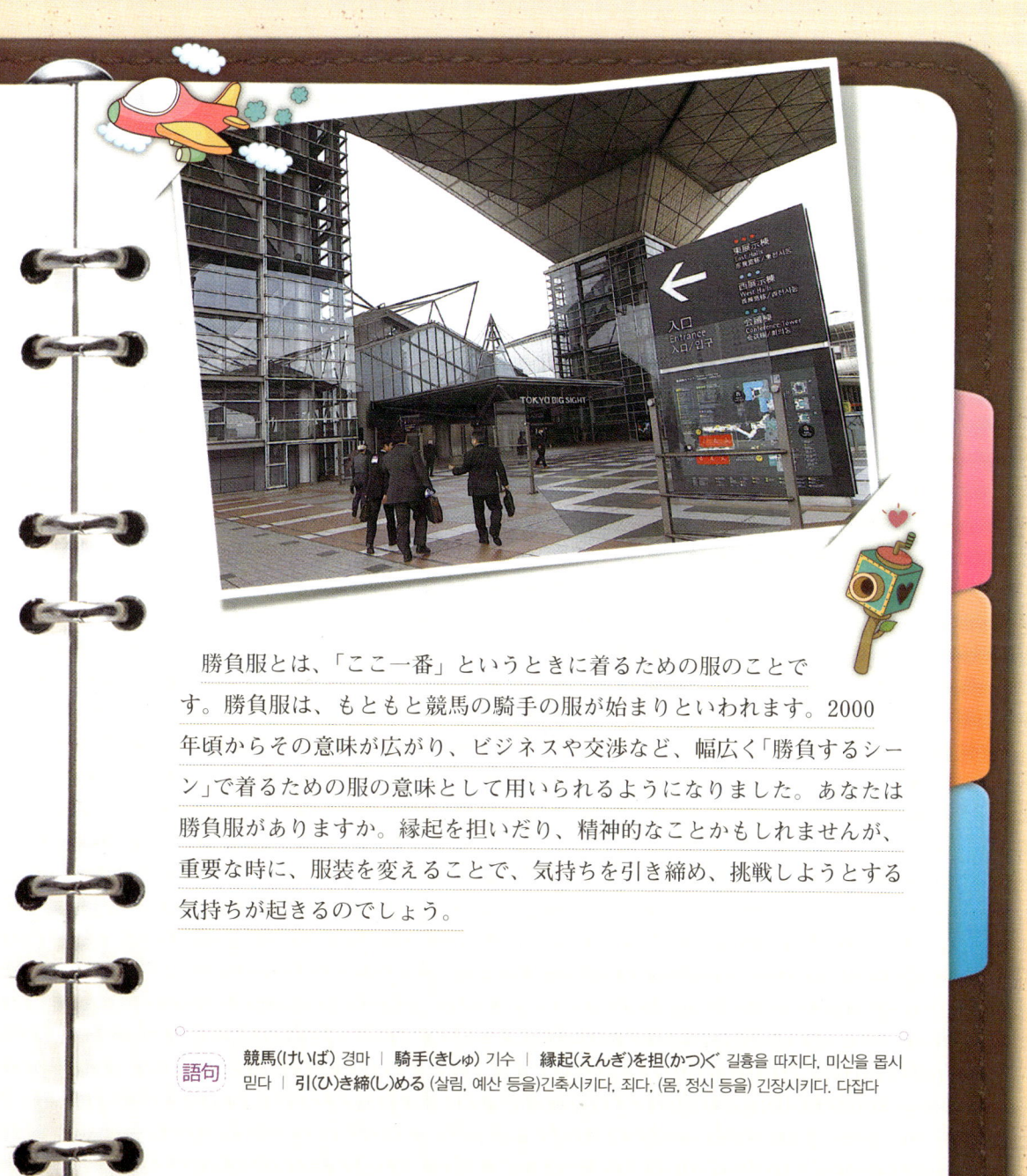

　勝負服とは、「ここ一番」というときに着るための服のことです。勝負服は、もともと競馬の騎手の服が始まりといわれます。2000年頃からその意味が広がり、ビジネスや交渉など、幅広く「勝負するシーン」で着るための服の意味として用いられるようになりました。あなたは勝負服がありますか。縁起を担いだり、精神的なことかもしれませんが、重要な時に、服装を変えることで、気持ちを引き締め、挑戦しようとする気持ちが起きるのでしょう。

**語句** 競馬(けいば) 경마 | 騎手(きしゅ) 기수 | 縁起(えんぎ)を担(かつ)ぐ 길흉을 따지다, 미신을 몹시 믿다 | 引(ひ)き締(し)める (살림, 예산 등을)긴축시키다, 죄다, (몸, 정신 등을) 긴장시키다. 다잡다

# ダイアローグ

 会社のオフィス、これから斉藤さんが営業に出る

青木　すてきなネクタイですね。燃える赤ですか……。気持ちが表れてますね。

斉藤　はい。今日は大きな契約が取れるかどうかの大事な日なんです。ですから、赤です。勝負の日は赤に決めてるんです。

青木　へ〜、そうなんですか。でも、そういう時ってありますね。「今日はこの色だ」って。

斉藤　ええ、絶対頑張り**ぬく**ぞって、気合いが入るんですよね。反対にちょっと落ち着きたい時には青のネクタイにしたり……。

青木　学生時代からそういう勝負の色とか勝負服を決めてたんですか。

斉藤　いえいえ、それはむしろ妻の方ですね。私は社会人になっ**てはじめて**、気持ちが大事だってわかったんです。で、それを続けてみると、やる気が出てくる**に伴って**、いい結果も出始めたんですよ。

青木　その奥様の勝負服ってどんなのですか。斉藤さんより、そっちの方が気になりますね。ぜひ、聞かせてくださいよ。参考にしたいんです。

斉藤　えっ？ん〜、花火大会の時に浴衣を着て来たんですよ。それには、「おお」って思いましたね。

青木　なるほど、浴衣か……。でも男性はいいですよね、仕事で勝負服が選べて。私たちは制服を着る**ことになっています**から、選**ぼうにも**選**べなく**て。

斉藤　でも、普段は青木さんも着てるんでしょ、勝負服。教えてくださいよ。どんな服ですか。

青木　それは秘密ですよ。だって、今日が勝負だってわかるじゃないですか。

語句　燃(も)える 불타다 | 気合(きあ)い 기합 | 落(お)ち着(つ)く 가라앉다, 침착하다 | むしろ 오히려 | やる気(き) 의지 | 普段(ふだん) 항상, 평소, 평상시

# クイズ

**クイズⅠ** ダイアローグの内容からの質問です。

**1** 斉藤さんは学生時代から勝負の色や勝負服を決めていましたか。

**2** 青木さんは仕事の時、その日の気持ちによって服を選べますか。


**クイズⅡ** 次のクイズに答えなさい。

　自分の気持ちを込めて、その日に着る服を選ぶのは大事なことでしょう。でも、考えなければならないことがあります。それは、その服や色が、相手にどのような印象を与えるかということです。では、クイズです。次の色は、どのような印象を与えるでしょうか。色と印象を線でつないでみてください。

<色>　　　　　　　　　　<相手に与える印象>

赤・　　　　　　　　　　・優しい　穏やか

黄色・　　　　　　　　　・外交的　活発　情熱的

緑・　　　　　　　　　　・かたい　知的　礼儀正しい

青・　　　　　　　　　　・リラックス　友達になりたい

普段、無意識に色を選んでいると思いますが、
相手にはその色の印象が届いているかもしれませんね。

---

**語句**　穏(おだ)やか 온화함 ｜ 礼儀正(れいぎただ)しい 예의 바르다 ｜ 届(とど)く 도달하다, 미치다

# パタートレーニング

## 1 〜ぬく : 「(困難や苦労にうちかって)最後までやり遂げる」の意味。 Track 114

A: ①社員に頑張りぬく気持ちを教えなければいけません。
B: それはすばらしいことですね。
A: ②難題に出会った時には、③頑張りぬくぞと言う気持ちが大切ですから。
B: 投げ出さないという気持ちが大事ですね。

❶ 子供にやりぬく力をつけさせ　　❷ 困難
❸ やりぬく力

## 2 〜てはじめて : 「〜してから、やっと」の意味。 Track 115

A: ①ばら園に来るのは初めてですか。
B: ええ、②来てみてはじめて③こんなにばらが美しいと知ることができました。
A: そうですか。声をかけてみて、よかったです。
B: 誘っていただいて、ありがとうございました。

❶ 飛行機に乗る　　　　　　　　❷ 30歳になって
❸ 飛行機に乗りました

## 3 〜に伴って : 前で述べる変化と連動して、後ろで述べる変化が起きることを表す表現で、文語的。 Track 116

A: この辺もすっかり①変わってしまいましたね。
B: 本当ですね。なんだか浦島太郎になった気分ですよ。
A: ②時代の流れに伴って、③すっかり近代化しましたね。
B: ちょっとさびしい気もしますね。

❶ さびしくなって　　　　　　　❷ 人口が減るの
❸ シャッターの閉まっている店が多くなりました

次の会話文で単語や表現を入れ替えて会話練習をしてみましょう。

### 4　～ことになっている ： 日常生活の約束から法律まで、決まりになっていることを表す表現。

A: この学校では❶木曜日の朝はランニングをすることになっているんです。
B: そうですか。体によさそうですね。
A: 何事にも❷体力が大切ですからね。
B: いい教育方針ですね。

❶ 午後、15分間昼寝
❷ メリハリ

### 5　～ようにも～ない ：「～を試みても、～できない」の意味。

A: ❶犬と猫のどちらが好きですかと聞かれても困ります。
B: ❷両方とも好きなんですよね？
A: そうです。❸選ぼうにも選べないんです。
B: しょうがないですね。

❶ ペットボトルがたまって
❷ 回収日は火曜日
❸ 火曜日まで捨てようにも捨てられない

語句　難題(なんだい) 난제 ｜ 投(な)げ出(だ)す 내던지다 ｜ やりぬく 끝까지 해내다 ｜ 浦島太郎(うらしまたろう) 거북이를 살려준 덕으로 용궁에서 호화롭게 지내다 돌아와 보니 아는 사람은 모두 죽고 모르는 사람뿐이었다는 일본 전설 속의 인물 ｜ 近代化(きんだいか) 근대화 ｜ メリハリ 느슨해지는 일과 팽팽해지는 일, 일의 강약을 분명히 하는 것 ｜ 回収日(かいしゅうび) 회수일

## フリートーキング

◉ 勝負服

### A

　勝負服は、もともと競馬の世界の言葉で、騎手がレースに出る際に、上に着る服のことだと聞いたことがあります。今では、特別なイベントや特別な目的のある時に着て行く服を「勝負服」と呼んでいます。私は色、形など自分に似合うものを選ぶようにしていますが、一番気を付けていることは、「その場にふさわしいかどうか」ということです。色は暗すぎず明るすぎず、そして必ずポイントとして明るい色を入れるようにしています。勝負服は、相手に好印象を与えるとか、相手を魅了するなどの要素が必要だと思います。

### B

　私は、「ここぞ」という時に勝負服を着ます。勝負の大きな味方になってくれる服は、気持ちまでもがシャキッとして気合いが入ります。勝負服を着るときは必ず何か目的があります。「今日は契約を決める日」「大切なミーティングがある日」などです。こんな日には、自分の勝負服を選び、身に着けることにより、仕事へのモチベーションをアップさせます。このように、服には不思議な効果があると思います。逆に、服装が乱れていると、その人の中身までだらしないという印象を与えてしまう可能性があります。服装がきちんとしていると、気持ちも引き締まるということです。

**語句** 好印象(こういんしょう) 좋은 인상 | 魅了(みりょう)する 매료하다 | シャキッと 시원하고 야무진 모양 | 身(み)に着(つ)ける 몸에 대다 | モチベーション 모티베이션 | 不思議(ふしぎ)な 이상한 | 中身(なかみ) 내용 | だらしない 야무지지 못하다, 칠칠맞다 | 引(ひ)き締(し)まる (몸·마음 등이) 다잡아지다, 단단히 죄어지다

A・Bの文章を使っていろいろ話してみましょう。

**PART I** 次の問いに答えなさい。

問題1　勝負服は、もともとどの世界の言葉で、どういう時に着る服のことですか。

問題2　Aさんは勝負服を今ではどんな時に着る服だと言っていますか。

問題3　Bさんは勝負服を着ることで、気持ちがどうなると言っていますか。

問題4　Bさんはどんな日に何のために勝負服を着ると言っていますか。

問題5　Bさんは服装が乱れているとどんな印象を与えると言っていますか。

**PART II** 応用会話

1. あなたは勝負服を持っていますか。その服は何色ですか。どうしてその色を選びましたか。

2. 勝負服を着ることで、相手にどんな印象を与えると思いますか。

3. あなたはどんな時に勝負服を着ますか。

4. 勝負服を着ることで、どんなことが変わりますか。

5. 勝負服を着る上でのポイントは何ですか。

**会話のキーワード**

- **気持ちを高める**：기분을 상승시키다
- **やる気が出る**：할 마음이 생기다
- **良い印象を与える**：좋은 인상을 주다
- **精神力を高める**：정신력을 높이다

第16課　勝負服・133

# VOCA+

- できる男(おとこ)の着(き)こなし 잘 나가는 남자의 옷 입기
- バレンタイン勝負服(しょうぶふく) 발렌타인 승부복
- クリスマス 勝負服(しょうぶふく) 크리스마스 승부복
- きめファッション 승부를 결정하는 패션
- ブランド 브랜드
- シンプルなコーデ(コーディネーション) 심플한 코디(코디네이션)
- 女(おんな)の子(こ)らしさ 여자 아이다움
- モノトーン 모노톤
- ヒール 힐
- ファー 모피
- カジュアルなニット 캐쥬얼한 니트
- オーダーメイド 주문하여 만든 것. 맞춤 양복
- 無造作(むぞうさ)なレース 간단한 레이스
- ハット 모자
- ワンピ(ワンピース) 원피스
- ドレス 드레스
- ストライプ 줄무늬
- 水玉(みずたま) 물방울
- チェック 체크
- 花柄(はながら) 꽃무늬
- ワックス 왁스
- 膨張色(ぼうちょうしょく) 팽창색
- めかしこむ 멋을 부리다
- アパレル 어페럴, 의류
- クローゼット 크로젯트
- ピアス 피어스
- ネックレス 목걸이
- ブレスレット 팔찌
- ファッションリーダー 패션 리더
- ネイル 네일
- エロカッコイイ 섹시하면서 멋있다
- ブローチ 브로치

# 第17課
# ペット

　子供がいなかったり、一人で暮らす人が、多くなる中、ペットを飼う人も増えています。ペットの写真を見るだけでも心慰められるものです。ペット用の病院や学校やグッズショップなどが増える反面、飼うことに自信がなくなった時、無責任に捨てられるペットも増えていて問題になっています。あなたは、ペットを飼っていますか。ペットとともに楽しい幸せな社会を生きるには、どうすればいいのでしょうか。ペットについて、話し合いましょう。

**語句** 慰(なぐさ)める 위로하다, 달래다

# ダイアローグ

 カフェでコーヒーを飲みながら

 Track 121

チェ　昨日のニュース、見ました？この近くの川にワニが出たっていう……。

宮崎　えっ！ワニ？そんなの日本の川にいるわけないじゃないですか。見間違えたんじゃないですか。

チェ　いえいえ、確かに見たらしいですよ。川沿いをジョギングしてる最中に突然現れてびっくりしたそうなんですよ。

宮崎　へ～、怖いですね。でも、ワニに出会ったらどうしたらいいんですか。やっぱり死んだふりをするのかな……。

チェ　そんな、熊じゃあるまいし、そんなことしたら危ないですよ。問題は、どうして日本の川にワニがいるかってことですよ。

宮崎　そうですね。大きくなりすぎて飼えなくなったから捨てたんでしょうね。危ないし、えさ代もかかるだろうし。あと、スペースの問題も。

チェ　本当、自分勝手ですよね。こういうニュースを見るたびに、そう思いますよ。小さい頃は「かわいい、かわいい」って言って、飼えなくなったら捨てるなんて。許せないですね。

宮崎　そうですね。好きなのはわかりますけど、結局捨てるんなら、最初から飼わなければいいのに。

チェ　そうですよ。ペットも法律やルールに基づいて飼わないといけませんよ。そのワニも本当は飼ってはいけない種類だったかもしれませんね。

宮崎　だから黙って川に捨てたのか……。でも、そんなことしたら生物のバランスが崩れますよね。ペットを捨てるって、問題は大きいんですよね。

---

語句　ワニ 악어 | 川沿(かわぞ)い 강가 | 自分勝手(じぶんかって) 제멋대로함 | 許(ゆる)す 허가하다, 허락하다 | 崩(くず)れる 무너지다

# クイズ

**クイズⅠ** ダイアローグの内容からの質問です。

1. チェさんは、捨てられたペットのニュースを見るたびに、どう思いますか。

2. チェさんは、ペットを飼うなら、どうしなければならないと言っていますか。

**クイズⅡ** 次のクイズに答えなさい。

　最近では、ペットを家族の一員と考える人が多くなりました。しかし、その一方で、ペットを捨てたり、飼ってはいけない動物をペットとして飼ったりする人もいます。今日は、ペットや動物に関するクイズです。「○」か「×」で答えてください。

1. 東京都では、許可を得ればライオンも飼うことができる。
「○」か「×」か。

2. 日本では、犬や猫を捨てても法律上問題はない。
「○」か「×」か。

3. 犬を飼う場合は、市町村に登録し、死亡したら死亡届を出さなければならない。
「○」か「×」か。

4. 人に害を与えるカラスやハトは勝手に捕まえたり、退治してもかまわない。
「○」か「×」か。

　「ペットは家族の一員」、やはりこの気持ちが必要ですね。

---

**語句** 死亡届(しぼうとどけ) 사망 신고 | 害(がい)を与(あた)える 해를 주다 | 捕(つか)まえる 잡다, 붙잡다 | 退治(たいじ) 퇴치

# パターントレーニング

**1** **〜最中に**：何かをしているときに、突然他のことが起きることを表す。 Track 122

A：昨日、①仕事をしている最中に、②友達から飲み会に誘われたんです。
B：では③飲み会には行かなかったんですか。
A：④誘惑には勝てなくて行ってしまいました。
B：やっぱり。

① カラオケの　　　　　　② 彼女から映画
③ 映画　　　　　　　　　④ 彼女に会いたくて

**2** **〜ふりをする**：「本当はそうではないのに、わざとそのような様子をする」という意味。 Track 123

A：①別れた彼氏に会ったらどうすればいいのでしょうか。
B：②気がついていないふりをすればいいんですよ。
A：なるほど。
B：あとは③見つからないように逃げるのみです。

① 飲めないお酒に誘われたら　　② 飲んだ
③ 元を取るために食べまくる

**3** **〜じゃあるまいし**：「〜ないのだから」の意味であり、強い失望や不満を表すときに使われる。 Track 124

A：①スカートが短すぎますよ。そんなんでどこに行くっていうんですか。
B：今、流行っているんですよ。
A：②子供じゃあるまいし。ＴＰＯをわきまえなさい。
B：もう。いちいち干渉しないでください。

① お化粧が濃　　　　　　② ピエロ

次の会話文で単語や表現を入れ替えて会話練習をしてみましょう。

### 4　〜たびに ：「〜するとき、いつも〜」の意味。

Track 125

A：最近、①過去の恋愛経験を思い出すたびに②笑ってしまいます。
B：どうしてですか。何か特別な思い出でも？
A：③子供だったなあと思って……。
B：なるほどね。

❶ 自動車を見る
❷ 怖くなって
❸ 交通事故にあったことがあって

### 5　〜に基づいて ：「それをもとにして・根拠にして」の意味。

Track 126

A：①イベント情報の記事の執筆がやっと終わりました。
B：お疲れさまです。ところで②開催日はどうやって調べたんですか。
A：③ホームページに基づいて書きました。
B：それなら間違いないですね。

❶ 歴史小説
❷ 時代背景
❸ 色々な資料や文献

---

**語句**　誘惑(ゆうわく) 유혹 ｜ 食(た)べまくる 마구 먹어 대다 ｜ TPO (Time, Place and Occasion) 시간·장소·경우, 또는 그에 따른 복장의 사용 구분 ｜ 元(もと)を取(と)る 본전을 취하다 ｜ わきまえる 분별하다, 판별하다 ｜ 干渉(かんしょう) 간섭 ｜ 執筆(しっぴつ) 집필

# フリートーキング

◉ ペットを飼う理由

### A

　ペットを飼う理由は、動物が大好きだからです。ペットも家族の一員です。毎日エサを与え、トイレの掃除などの世話も必要なので大変なこともたくさんありますが、ペットがいることで気持ちが和らぎ、いやされるといった理由で飼い続けています。マンションやアパートではペット禁止のところが多いですが、私は少し家賃が高くてもペット「可」の物件を見つけてペットを飼っています。やはり、ペットを飼うときには飼い主が責任感を持たなければならず、周りの人に迷惑をかけないようにすることが大切だと思います。

### B

　私は今までペットを飼ったことがありませんが、飼っている人の話によると、ペットを飼う理由は寂しさを紛らわすため、いやし、助けてもらうためなどと聞いたことがあります。ペットは家族の一員として大切な存在だと思います。人間が健康に気をつかうように、ペットにも毎日元気に過ごしてもらうため、栄養とバランスがとれた食事が必要です。そのため、ペットフードを選ぶときはペットの健康を考えて買うといったことも聞いたことがあります。また、ペットを飼うにあたって、色々な問題がありますが、飼い主一人ひとりが、マナーを守ってペットを飼うことが大切だと思います。

語句　和(やわ)らぐ 누그러지다 ｜ 紛(まぎ)らわす 감추다, 숨기다, 얼버무리다 ｜ 野良犬(のらいぬ) 들개, 집 없는 개 ｜ 野良猫(のらねこ) 도둑 고양이

### A・Bの文章を使っていろいろ話してみましょう。

**PART I** 次の問いに答えなさい。

問題1　A・Bともにペットと人間の関係はどうだと言っていますか。

問題2　Aの人はどんなところに住んでいますか。

問題3　Bで人間と同じようにペットにも何に対して気をつかっていると言っていますか。

問題4　Aでペットを飼う時にはどんなことに気をつけなければならないと言っていますか。

問題5　A・Bで、飼い主には何が大切だと言っていますか。

**PART II** 応用会話

1. 現在、あなたが飼っているペットの種類は何ですか。
   飼っていない人はなぜ飼わないのですか。

2. あなたはペットの健康管理をどのように行っていますか。

3. ペットを飼っていて良いこと、大変なことはありますか。

4. 飼い主はどんなことに気を付けなければならないと思いますか。

5. あなたが日頃ペットについて思っていることを自由に話してみましょう。

### 会話のキーワード

- ペットの寝床(ねどこ)まわりを定期的に掃除している：
  애완동물 잠자리 주변을 정기적으로 청소하고 있다
- ペット用のトイレまわりはいつも清潔(せいけつ)にしている：
  애완동물 화장실 주변은 항상 청결히 하고 있다
- 旅行や帰省(きせい)する時、家を空けることが難しい：여행이나 귀성할 때 집을 비우기 어렵다
- 鳴き声や抜け毛、ニオイの心配もあり、近所に迷惑をかけることもある：
  울음 소리나 빠진 털, 냄새의 걱정도 있어, 이웃에게 폐를 끼칠 수도 있다
- 家族の会話、コミュニケーションが増えた：가족간의 회화, 커뮤니케이션이 늘어났다
- 子どもの教育に役立(やくだ)つ：어린이 교육에 도움이 되다

# VOCA+

- ☐ ペットショップ 애완동물 숍
- ☐ ペットサロン 펫 살롱
- ☐ ペットスクール 애완동물 학교
- ☐ しつけ教室(きょうしつ) 예절 교실
- ☐ ペット供養(くよう) 애완동물 공양
- ☐ ペット霊園(れいえん) 애완동물 공동묘지
- ☐ は虫類(ちゅうるい) 파충류
- ☐ 小型犬(こがたけん) 작은 개
- ☐ 大型犬(おおがたけん) 큰 개
- ☐ ペットシッター 집을 비울 때 애완동물을 돌보아 주는 전문가
- ☐ 伝染病(でんせんびょう) 전염병
- ☐ 寄生虫(きせいちゅう) 기생충
- ☐ ふん 동물의 배설물
- ☐ 尿(にょう) 뇨
- ☐ 排泄(はいせつ) 배설
- ☐ 下(しも)の世話(せわ) 용변 돕기
- ☐ 飼育(しいく) 사육
- ☐ 動物病院(どうぶつびょういん) 동물 병원
- ☐ 獣医(じゅうい) 수의사
- ☐ 捨(す)て犬(いぬ) 버려진 개
- ☐ 捨(す)て猫(ねこ) 버려진 고양이
- ☐ 狂犬病(きょうけんびょう) 광견병
- ☐ ペット葬儀施設(そうぎしせつ) 애완동물 장례 시설
- ☐ 金魚(きんぎょ) 금붕어
- ☐ 熱帯魚(ねったいぎょ) 열대어
- ☐ セキセイインコ 잉꼬
- ☐ 九官鳥(きゅうかんちょう) 구관조
- ☐ おうむ 앵무새
- ☐ ハムスター 햄스터
- ☐ 昆虫(こんちゅう) 곤충
- ☐ ペットと泊(と)まれる宿(やど) 애완동물과 묵을 수 있는 숙소
- ☐ 予防接種(よぼうせっしゅ) 예방접종
- ☐ かみつく 달려들어 물다
- ☐ ひっかく 할퀴다
- ☐ 水槽(すいそう) 수조
- ☐ 鳥(とり)かご 새장
- ☐ 室内犬(しつないけん) 실내견

# 第18課
# やりがい

　あなたは、どんな時にやりがいを感じますか。興味あることをしている時、目標を達成できた時、周りの人に認められた時……など、いろいろあります。人は自分の存在に価値があることを望みます。それを求め続けて生きています。そのため、周りの人の承認が意味を持ちます。目標を達成すると、自分が自分に対してOKサインを出せます。周囲の人もOKサインを送ってくれます。やりがいとは、それを獲得するために励んでいる過程そのものだといえるでしょう。

**語句** やりがい 보람 | 達成(たっせい) 달성 | 認(みと)める 인정하다, 판단하다 | 承認(しょうにん) 승인 | 獲得(かくとく) 획득 | 励(はげ)む 힘쓰다, 노력하다

# ダイアローグ

 状況　お昼休みのオフィスで

Track 129

青木　お弁当、おいしそうですね。見た目もきれいですし、どんどんうまくなってるんじゃないですか、お弁当作るの。

斉藤　子供の弁当も私が作ってますからね、うまくもなりますよ。まあ、毎日きれいに食べてくれますから、作ってあげるかいはありますけどね。

青木　へぇ、それなら本当、作りがいがありますね。

斉藤　最初は残したりしてたんですけど、最近は「おいしかった」って言ってくれるから、私も以前にもましてやる気が出てきて……。

青木　そうですよね。私は作ったところで、「おいしい」って言って食べてくれる人がいませんから、作りがいがないんですよね。

斉藤　その気持ち、よくわかりますね。やっぱり反応がないとやりがいがないですよね。仕事もそうじゃないですか。

青木　ええ。自分が努力したことによって、それが認められれば働きがいもあるし、やる気も出てきますよね。

斉藤　そうですね。その点、うちの会社は幸いそういう環境にありますね。

青木　はい。私にはまだまだ足りないところがありますけど、今は自分なりに一生懸命頑張るだけだと思います。じゃ、私お弁当買って来ます。

斉藤　雨、結構降ってますよ。大丈夫ですか……。いってらっしゃい。

● 15分後

青木　斉藤さん、雨の中行ったかいがありましたよ。偶然部長と一緒になって、これ、おごってもらいました。

語句　見(み)た目(め) 겉보기, 외관 ｜ 幸(さいわ)い 행복, 다행 ｜ 偶然(ぐうぜん) 우연

# クイズ

**クイズI** ダイアローグの内容からの質問です。

1. 斉藤さんは最近の弁当作りをどう思っていますか。

2. どうして青木さんは料理の作りがいがありませんか。

**クイズII** 次のクイズに答えなさい。

　自分が作った料理を食べて、「おいしい」と言ってくれたら、だれでもうれしくなりますね。「作りがい」があったというものです。さて、今日のクイズです。下の 1 ～ 3 はどんな「〇〇がい」という表現になるでしょうか。

1. 〇〇〇がい

　勉強や仕事で失敗した時や悩んだりした時に、いいアドバイスをしてくれる。困った時には助けてくれる。そんな〇〇〇がいのある人が近くにいるといいですね。

2. 〇〇〇がい

　簡単で楽な勉強ではないが、自分で考えることでとても役に立つ。そして、その勉強がとても楽しい。今の勉強、〇〇〇がいを感じていますか。

3. 〇〇がい

　今すぐに人生の目的や価値、意味を見つけることは難しいかもしれません。これから時間をかけてゆっくり自分の〇〇がいを探していってください。

　今あなたの「やりがい」のあることは何ですか。

# パターントレーニング

## 1 〜かいは(が)ある

「〜する成果・効果がある」「〜努力が報われる」の意味。　Track 130

A: ここの①占いは当たることで有名なんですよ。
B: わあ、本当ですか。それでこんなに②混んでいるんですね。
A: でも③待つかいはあると思いますよ。
B: 本当ですか。それなら④待って見てもらいましょうか。

① ラーメンはおいしくて　② 並んで
③ 並ぶ　④ 並んで食べてみ

## 2 〜にもまして

後ろに来る内容の程度の高さを表すために、前の部分を引き合いに出す表現。　Track 131

A: ①彼女は美人ですね。
B: そうですね。②以前にもまして③きれいになりましたね。
A: きっと④恋でもしているのでしょう。
B: そうかもしれませんね。

① 成績があがりました　② これまで
③ 良く　④ 塾にでも行っている

## 3 〜たところで

「どんなにそのようなことをしても」の意味。　Track 132

A: 実は、①3時に床屋の予約をしているんです。
B: じゃ、急いで床屋に行かなければ。会議が長引いてしまって、すみません。
A: ②タクシーに乗ったところで③もう間に合わないですね。
B: ④それなら電話をしておいたほうがいいですよ。

① これからお見合いなんです　② 床屋に行った
③ 何も変わりませんよ　④ でも清潔感のある格好をした

次の会話文で単語や表現を入れ替えて会話練習をしてみましょう。

## 4　〜によって：原因や手段を表す表現。

A: ①リサイクルって面倒くさいですね。
B: そんなこと言って、どうするんですか。②リサイクルによって、③地球が救えるんですよ。
A: それはちょっとオーバーじゃありませんか。
B: そんなことありませんよ。④「ちりも積もれば山となる」って言うでしょう。

❶ 一人暮らしでの料理
❷ 栄養不良
❸ 大きな病気になることもある
❹ 「医食同源」

## 5　〜なりに：「〜相応に」の意味で、いい意味で用いられる。

A: ①夏祭りも無事終わりましたね。
B: リーダーを引き受けて、いろいろと大変でしたね。
A: ②子供達も子供達なりに楽しんでいましたね。それはお金では買えないものですし、やりがいを感じました。
B: そうですね。本当にお疲れ様でした。明日はゆっくり休んでくださいね。

❶ 春のキャンペーンが
❷ 私なりに多くのことを学びました

---

**語句**　引(ひ)き合(あ)い 인용함 ｜ 長引(ながび)く 오래 끌다, 지연되다 ｜ 救(すく)う 구하다, 살리다 ｜ ちり 먼지 ｜ 積(つ)もる 쌓이다, 모이다 ｜ 栄養不良(えいようふりょう) 영양불량 ｜ 医食同源(いしょくどうげん) 질병 치료와 식사는 인간의 건강을 유지하기 위한 것으로 그 근원이 동일함을 나타내는 말

# フリートーキング

◉ 仕事にやりがいを感じるとき

### A

　私が現在の仕事にやりがいを感じる時は、目標を達成した時やひとつの仕事をやり遂げた時です。ストレスやプレッシャーを感じることなく楽に働ける仕事なんてありません。苦しい時期、ストレスを感じる時期があるからこそ、それを乗り越えたときに「やりがい」を感じるのです。また、それも一人ではなく、チームで仕事に取り組んだときには、その「やりがい」は一人で仕事をしたときよりも２倍に感じることができます。それは仕事が大変なときなど、お互いに相談に乗ったり、励まし合ったり出来るからだと思います。

### B

　私は現在の働き方には満足していませんが、やりがいを感じる時は時々あります。それは、お客様に喜ばれた時や上司に褒められた時です。私は接客業なので、やはりお客様の笑顔を見た時はとてもうれしいです。また、私が新しい仕事を上司に提案した時、何度も却下されましたが、提案をし続けた結果、私の提案が通り「よくここまで頑張った」と褒められたときは、とてもやりがいを感じました。何度も却下されてきましたが、あきらめないことが大切だと思いました。

**語句** やり遂(と)げる 완수하다 | プレッシャー 압력, 정신적 압박 | 乗(の)り越(こ)える 넘다, (위기를) 극복하다 | 取(と)り組(く)む 분발하다, 몰두하다, 맞붙다 | 接客業(せっきゃくぎょう) 접객업 | 却下(きゃっか) 각하 | あきらめる 체념하다, 단념하다

A・Bの文章を使っていろいろ話してみましょう。

**PART I** 次の問いに答えなさい。

問題1　Aさんは何を乗り越えたときに「やりがい」を感じると言っていますか。

問題2　Aさんはなぜチームで仕事に取り組むほうがいいと言っていますか。

問題3　Bさんは上司に新しい仕事を提案した時、何度も却下されましたが、提案をし続けた結果どうなりましたか。

問題4　Bさんは仕事で大切なことは何だと言っていますか。

**PART II** 応用会話

1. あなたはどんな時にやりがいを感じますか。

2. やりがいを感じるために何をしなければならないと思いますか。

3. あなたにとってやりがいがある仕事とは何ですか。

4. やりがいを持って仕事をしている人をどう思いますか。

5. あなたがやりがいを感じたときの状況を詳しく説明してみましょう。

### 会話のキーワード

- **自分が役に立っていると実感すること**：자신이 도움이 되고 있다고 실감하는 것
- **スキルを身につける、磨くこと**：기술을 익히는 것, 닦는 것
- **社会人としての誇りと自信を得ること**：사회인으로서의 자랑과 자신을 얻는 것
- **興味のある仕事をしている時**：흥미가 있는 일을 하고 있을 때
- **責任のある仕事を任(まか)された時**：책임이 있는 일을 맡겼을 때
- **給料が上がった時**：급여가 올랐을 때

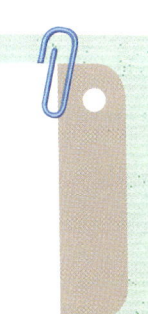

# VOCA+

- ☐ 充実感(じゅうじつかん) 충실감
- ☐ 達成感(たっせいかん) 달성감
- ☐ 心(こころ)の張(は)り合(あ)い
  마음을 의지하는 것
- ☐ 自他肯定(じたこうてい) 자타 긍정
- ☐ 完全燃焼(かんぜんねんしょう) 완전 연소
- ☐ 持(も)てる力(ちから)のすべてを使(つか)って取(と)り組(く)む 있는 힘을 다해 임하다
- ☐ 能力(のうりょく)を正当(せいとう)に評価(ひょうか)する 능력을 정당하게 평가하다
- ☐ 人間関係(にんげんかんけい)がうまくいく
  인간 관계가 잘 되다
- ☐ 経験(けいけん)が積(つ)める
  경험을 쌓을 수 있다
- ☐ 将来性(しょうらいせい)がある
  장래성이 있다
- ☐ 全力投球(ぜんりょくとうきゅう)で臨(のぞ)む 전력 투구로 임하다

- ☐ 商談(しょうだん)がうまくまとまる
  상담이 잘 이루어지다
- ☐ 上司(じょうし)から褒(ほ)められる
  상사로부터 칭찬 받다
- ☐ 時間内(じかんない)にやり遂(と)げる
  시간내에 완수하다
- ☐ 1人前(にんまえ)になる 제 몫을 할 수 있음
- ☐ 仕事(しごと)をうまくこなせるようになる
  일을 잘 해낼 수 있게 되다
- ☐ やりたい仕事(しごと)ができる 하고 싶은 일을 할 수 있다
- ☐ 自分(じぶん)の価値(かち)を上(あ)げる
  자신의 가치를 올리다
- ☐ 努力(どりょく)が報(むく)われる
  노력이 보상받다
- ☐ 困難(こんなん)を乗(の)り越(こ)える
  어려움을 이겨내다
- ☐ 克服(こくふく)する 극복하다

# 第19課
# 帰国

　外国から自分の国へ帰ることを「帰国」と言います。当然、帰国前には外国での生活があります。外国生活が短ければ短いなりに、長ければ長いなりに、帰国は深い意味を持つでしょう。多くの場合は、外国への出発がそうであるように帰国も人生の節目になるからです。帰国というのは、外から自分の国を考えるようになるきっかけをつかんだ後、実際に自分の母国に帰ることを意味します。今までとは違った新しい視野を持って、新しい生活を送ることができる第一歩を踏み出すことになるのです。

語句　節目(ふしめ) 고비, 단락, 구분 ｜ 母国(ぼこく) 모국 ｜ 踏(ふ)み出(だ)す 내딛다

# ダイアローグ

 **状況** サークルルームでチェさんのお別れパーティーを開いている

井上　それでは、チェさんの帰国に際し、一言ご挨拶をお願いしたいと思います。チェさん、お願いします。

チェ　え～、本日をもちまして、日本での留学生活を終え、帰国することになりました。部長の井上さんをはじめ、皆さんには勉強のことのみならず、生活の細かいところまでお世話になり、感謝の気持ちでいっぱいです。本当にありがとうございました。

＜パチパチ パチパチ!!＞

宮崎　チェさん、帰国後のご予定は？

チェ　いったん帰国しますが、今度は英語の勉強をしようと思いまして、アメリカに一年間留学するつもりです。

宮崎　すごいですね。私も見習わないといけないですね。アメリカには、どなたかお知り合いの方がいらっしゃるんですか。

チェ　いえ、それがだれもいないんですよ。ですから、アメリカのどこに行くかもこれからなんです。

井上　じゃ、まだどちらに行かれるかわからないわけですね。当然、向こうに行ってから、部屋探しもすることになるんでしょうね。

チェ　はい、そうなると思います。でも、行き先や連絡先がわかり次第、皆さんにご連絡します。

宮崎　チェさん、荷物は？たくさんあるんじゃないですか。もしよければ、私が明日空港まで一緒に行きますよ。

チェ　いえいえ、大丈夫です。空港まで来ていただくと、別れがつらくなりますから。皆さん、本当にありがとうございました。また、お会いできるのを楽しみにしています。

**語句**　見習(みなら)う 본받다, 보고 익히다 ｜ 別(わか)れ 이별, 헤어짐

# クイズ

**クイズI** ダイアローグの内容からの質問です。

1. チェさんはどんなことでお世話になりましたか。

2. チェさんは、アメリカでの住所がまだ決まっていませんが、みんなにはいつ連絡しますか。

**クイズII** 次のクイズに答えなさい。

　つらい別れがあれば、新しい出会いもある。日本の春はそんな季節です。
　では、クイズです。この「春」からイメージすることばを4つ集めました。それぞれのキーワードからそのことばをあててください。

1. ○○○
　　[キーワード]　　　入学式　　　　花　　　　歌・曲の名前

2. ○○○○○○○○
　　[キーワード]　　　写真　　　　思い出　　　一冊

3. ○○○
　　[キーワード]　　　歓迎　　　　飲み会　　　仲良くなる

4. ○○○○○○
　　[キーワード]　　　漢字4文字　　出会い　　　一度きり

皆さんにとって、「春」はどんな季節ですか。

  一度(いちど)きり 오직 한 번(만)

# パタントレーニング

**1　～に際し**：「～に当たって/先立って」の意味で、文語的な表現。　Track 138

A：あのう、①ここの幼稚園に子供を通わせたいのですが。
B：そうですか。ではこちらにお座りください。
A：はい。あの、②申請に際し、③必要な書類はありますか。
B：④こちらの申請書に記入してお持ちください。わからないことがあれば、またいつでもご連絡ください。

① 昇進試験のことを知りたい　② 試験
③ 準備すること　④ 小論文がありますので、準備してみて

**2　～をもちまして**：時間や状況を示して、そこであることが終わることを表すフォーマルな表現。　Track 139

A：もしもし。
B：はい、①ジャパンテレビでございます。
A：あのう、②テレビ番組の観覧を申し込みたいのですが。
B：③昨日をもちまして、④受付は終了いたしました。お電話ありがとうございました。

① ジャパンレコード　② Jバンドが解散するって本当ですか
③ 明日のコンサート　④ 解散いたします

**3　～をはじめ**：代表的な例や、中心的なものを挙げる表現。　Track 140

A：どこかにいい①塾はありませんか。
B：3丁目の②塾は早稲田大学をはじめ③有名私立大学への合格率が高いですよ。
A：じゃ、④息子をそこに通わせたいと思います。近所だと安心感もありますしね。
B：ええ、それがいいですね。

① 工務店　② 工務店は1戸建て
③ リフォームまで評判　④ 家のリフォームをそこに頼みたい

次の会話文で単語や表現を入れ替えて会話練習をしてみましょう。

### 4　〜のみならず ：「〜だけでなく、さらに〜」の意味。　Track 141

A: どんどん❶携帯電話が普及していますね。
B: そうですね。ブームを通り越して、生活の中に浸透した感じですよね。
A: ❷若い人のみならず❸お年寄りも使うようになりましたからね。
B: 本当にすごいことですよね。こうなるとは、20年前には想像もできませんでした。

❶ おすし人気が高くなって
❷ 日本人
❸ 世界中の人が食べる

### 5　〜次第 ：「〜したらすぐに」の意味で、後ろには意志的な表現が来る。　Track 142

A: もうこんな時間！早く❶お昼に行きましょう。
B: この❷コピーが終わり次第行きますので、先に行ってください。
A: そうですか。では、❸いつものお店で待っていますので、早く来てくださいね。
B: はい、わかりました。できる限り急ぎます。

❶ 歓迎会
❷ 仕事をかたづけ
❸ 1階

---

語句　昇進(しょうしん) 승진 | 観覧(かんらん) 관람 | 解散(かいさん) 해산 | 受付(うけつけ) 접수 | 終了(しゅうりょう) 종료 | 工務店(こうむてん) (토목・건축 등의) 공무점 | 通(とお)り越(こ)す 넘기다, 지나쳐가다 | 浸透(しんとう) 침투

第19課 帰国・155

# フリートーキング

  帰国後 振り返って

### A

　大らかさと、心の豊かさを感じずにはいられないほど、やさしい国である「ニュージーランド」に1年間行ってきました。この1年間で感じたことは、待っていてもだれも助けてくれないということです。分からないなら「分からない」とはっきり言うことで、どのようにしたら良いか真剣に考えてくれて、アドバイスをしてくれます。そして、二つ目に感じたことは、ニュージーランドの人は母国を愛し、自然を愛している民族であるということです。その人柄は、その国そのものを表わしているのだと思います。

### B

　最初の一週間ぐらいは、言葉がなかなか通じないことに辛さを感じていましたが、帰る頃には、この街に住んでもいいなと思うくらい好きになっていました。ニューヨークの人々は、言葉が分からない私に対しても色々話しかけてくれました。そういうフレンドリーな人々、そして、街の雰囲気が好きです。また、ニューヨークという街は、自ら行動に移すことで、その先に答えが見えてくるといった不思議な力を持っています。結果を怖がらずにやってみることが将来のための大きな一歩となることを教えてくれました。

---

**語句**　大(おお)らかさ 느긋함, 대범함 ｜ ニュージーランド(New Zealand) 뉴질랜드 ｜ 人柄(ひとがら) 인품 ｜ フレンドリー(friendly) 호의적인, 우호적인 ｜ 怖(こわ)がる 무서워하다

## A・Bの文章を使っていろいろ話してみましょう。

### PART I 次の問いに答えなさい。

**問題1** Aさんはどこに行ってきましたか。

**問題2** Aさんがまず、感じたことは何ですか。

**問題3** Bさんは最初、どんなことに辛さを感じていましたか。

**問題4** BさんはニューヨークのどんなところがすきだとPoint言っていますか。

**問題5** Aさんはニュージーランドの人はどういう人達だと言っていますか。

### PART II 応用会話

1. あなたは海外に行ったことがありますか。そこでどんなことを学びましたか。

2. 帰国に際して、準備しなければいけないことは何だと思いますか。

3. 海外に行って勉強や仕事をすることをどう思いますか。

4. 帰国後に何が大変だと思いますか。

5. あなたは将来、海外に住んでみたいですか。住んでみたい理由、住みたくない理由は何ですか。

### 会話のキーワード

・渡航の手配 : 도항 준비
・アパートなどの解約 : 아파트 등의 해약
・帰国後の住居手配 : 귀국 후의 주거 준비
・理解と協調 : 이해와 협조
・自己の立場を明快に主張すること : 자기의 입장을 명쾌하게 주장할 것
・自分の気持ちを伝えること : 자신의 기분을 전하는 것

# VOCA+

- リスト・アップする 리스트・업 하다
- 作業(さぎょう)のチェック・リスト 작업 체크・리스트
- 帰国(きこく)までのスケジュール表(ひょう) 귀국까지의 스케줄표
- 少(すこ)しずつ準備(じゅんび)を進(すす)めていく 조금씩 준비를 진행해 나가다
- 航空券(こうくうけん)の予約(よやく) 항공권 예약
- 業務(ぎょうむ)の引継(ひきつぎ) 업무 인계
- 職場(しょくば)の諸手続(しょてつづき) 직장의 모든 수속
- 帰国挨拶状(きこくあいさつじょう)の発送(はっそう) 귀국 인사장 발송
- 挨拶状(あいさつじょう)の手配(てはい) 인사장 준비
- 送別会等(そうべつかいなど)の日程調整(にっていちょうせい) 송별회 등 일정 조정
- 外国人登録(がいこくじんとうろく)の抹消手続(まっしょうてつづき) 외국인 등록 말소 수속
- 出国許可(しゅっこくきょか)の申請(しんせい) 출국 허가 신청
- アパート・借家(しゃくや)の解約(かいやく) 아파트・셋집 해약
- 住居(じゅうきょ)の清掃(せいそう) 거주지 청소
- 電気(でんき)・水道(すいどう)・ガス・電話(でんわ)の解約(かいやく) 전기・수도・가스・전화 해약
- 郵便局(ゆうびんきょく)への転居通知(てんきょつうち)・転送依頼(てんそういらい) 우체국에 이사 통지・전송 의뢰
- 新聞(しんぶん)・雑誌(ざっし)の解約(かいやく) 신문・잡지 해약
- ペット・植物(しょくぶつ)の持(も)ち込(こ)み 애완동물・식물 반입
- 挨拶(あいさつ)まわり 돌아 다니며 인사함
- おみやげの購入(こうにゅう) 선물 구입
- 引越(ひっこし)の手順(てじゅん) 이사 순서
- 輸送方法(ゆそうほうほう) 수송 방법
- 荷物(にもつ)の仕分(しわけ) 짐 구분
- 荷作(にづく)りの仕方(しかた) 포장 방법
- 通関(つうかん)に必要(ひつよう)な書類(しょるい) 통관에 필요한 서류
- 引越荷物(ひっこしにもつ)の保険(ほけん) 이삿짐 보험
- トランクルーム 트렁크 룸
- 海外引越(かいがいひっこ)し 해외 이사

# 第20課
# 自由会話

● 下の質問について自由に話し合ってみましょう。

1. 時間がないときに限って、いろいろなトラブルが起きるものです。そんな経験はありますか。

2. 電車に乗る際に、不便だと思ったことはありますか。どんなことが不便ですか。

3. ダイエットにもライバルがいるといいそうです。でも、「○○してまでやせようとは思わない」、○○にどんなことばを入れますか。

4. 「○○があればこそ、がんばれる！」○○に入るものを話してみましょう。

5. あなたの「○○なくして、生きていけない」もの、またはことはなんですか。

6. あなたは一人暮らしをすることについて、どう思いますか。自分の経験や聞いた話をもとに話してください。

7. 大統領にかわって、1週間だけ大統領をするとしたら、どんなことがしたいですか。

8. あなたは自分の性格からみて、都会向きだと思いますか、田舎向きだと思いますか。

9. 勝負服のみならず、勝負飯(めし)というものもあります。勝負の日に必ず食べる物がありますか。

10. ペットを飼うことによって、あなたの生活はどのように変わると思いますか。

11. 本当は知っているのに、知らないふりをした経験がありますか。

12. 「勉強したかいがあったなぁ」と思うのはどんな時ですか。

13. 最近、自分なりにがんばっていることは何ですか。

14. 涙ぬきには語れない「別れ」を経験したことがありますか。

15. 日本語を話す時、緊張のあまり失敗してしまったことはありますか。

# 付録

ダイアローグの訳文
クイズの正解
パターントレーニングの訳文
フリートーキングの訳文
E-BOOK CDの使い方

# 第1課 22세기

2000년 1월 1일. 한국에서는 전 세계에 앞서 21세기가 된 것을 선언했습니다. 그리고 지금 우리는 다음 22세기를 향하는 시대에 살고 있습니다. 22세기는 일반적으로 2101년부터 2200년이 됩니다. 22세기는 어떤 시대가 될 것이라고 생각합니까? 그리고 어떤 시대로 만들고 싶습니까? 22세기에 대해 이야기해 봅시다.

## ダイアローグ

**채** 어? 도라에몽은 분명히 22세기에서 왔었지요. 그렇지요?

**宮崎** 음~, 글쎄요, 22세기 고양이형 로봇이란 것이었지요. 그건 곧 100년 후에는 도라에몽이 있을지도 모른다는 것이지요.

**채** 그건 다른 문제지만요. 100년 후라……. 그렇더라도 22세기란 어떤 세계일까요? 차가 하늘을 날아다니거나 타임머신이 발명되었거나…….

**宮崎** 그건 이론상 어렵지 않을까요? 우주여행 정도라면 갈 수 있게 될지도 모르지만요. 있을 수 없는 이야기예요.

**채** 벌써 꿈이 없군요. 나는 꽤 실현 가능하리라고 생각합니다만.

**宮崎** 집요한 것 같지만 역시 그것은 만화 속 세계의 이야기에 지나지 않아요. 그것보다 100년 후의 지구는 어떻게 되어 있을 것이라 생각합니까?

**채** 예? 음~, 글쎄요, 역시 환경은 걱정이네요. 수 년동안 계속해서 지구를 오염시켜 왔으니까요.

**宮崎** 지금 우리들이 노력하고 있는 것들이 100년 후에 좋은 결과가 되어 나타나면 좋겠는데요.

**채** 그렇네요. 책임이 막중하네요.

**宮崎** 예. 22세기라……, 왠지 우울해졌네요. 뭔가 희망찬 22세기 이야기는 없습니까?

**채** 나는 말했어요. 미야자키 씨야말로 꿈이 있는 이야기를 해 주세요!!

## クイズⅠ

1. 理論上難しく、あり得ない話だと言っています。
2. 何年にもわたって地球を汚してきたから、環境のことを心配しています。

## クイズⅡ

1. ×  どら焼き
2. ○  身長・129.3cm 体重・129.3kg 胸囲、ウエスト、ヒップ・129.3cm
3. ○
4. ×  のび太の借金がひどく、子孫に迷惑をかけたので、のび太の歴史を修正するためにやってきました。

## パターントレーニング

1. ~ということだ (~라는 것이다) : 객관적인 전문 표현.

A : 최근에 결혼하지 않는 사람이 늘어났군요.
B : 저도 신문에서 읽었습니다.
A : 결혼하지 않는다는 것은 아이들도 줄어든다는 것이네요.
B : 그렇네요.

① 담배를 피우는 사람이 줄어
② 담배를 피우지 않는 사람이 늘어났다
③ 건강에 신경쓰는 사람이 많아졌다

2 **~上** (~상) : '~점으로부터 미루어 볼 때' '~상으로' 라는 의미로 조금 딱딱한 의미.

A : 자전거를 두 명이서 타면 안 됩니다.
B : 그렇지만 재미있는걸요.
A : 법률상 금지되어 있기 때문입니다.
B : 알았습니다.

① 출근부는 적지 않으면
② 귀찮습니다
③ 규칙상 정해져 있다

3 **~得る** (~할 수 있다) : 가능의 의미를 나타내는 문어적 표현.

A : 이 다리의 강도는 꽤 약하군요.
B : 그렇습니까?
A : 앞으로 몇 년 버틸 수 있을지 걱정입니다.
B : 바로 대책을 생각합시다.

① 에 금이 갔습니다
② 생각할 수 있는 원인은 요전의 지진입니다

4 **~にすぎない** (~에 불과하다, ~에 지나지 않다) : '단순히~다'라는 의미이나, 그것이 '대단한 것은 아니다'라는 뉘앙스가 포함되어 있다.

A : 여름방학 숙제가 많이 있습니다.
B : 그렇지만 이미 상당히 했지요?
A : 아직 일부에 불과합니다.
B : 그럼 아직도 남아 있군요.

① 해변에 쓰레기
② 주었다
③ 한 군데

5 **~にもわたって** (~이나 걸쳐서, ~동안 계속되다, ~에 이르다) : 장소, 횟수, 시간 등의 범위를 강조하는 표현.

A : 장마는 싫어요.
B : 며칠동안 계속해서 비가 내리니까요.
A : 적당히 내리면 좋겠어요.
B : 정말 그렇습니다.

① 회의
② 몇 시간
③ 이야기를 나눕니다
④ 짧게 해

## フリートーキング

### 22세기

**A**

22세기가 되면 일반가정에 로봇이 1대씩 존재할지도 모르지만 도라에몽형 로봇은 솔직히 무리라고 생각한다. '어디로든 문(どこでもドア)'이나 '타임머신'등 100년 안에 간단하게 만들 수 있는 것이라면 이미 반 이상은 완성되어 있는 것이 아니겠는가? 남몰래 마음 속으로는 '어디로든 문과 같은 도구가 있으면 좋겠구나'라고 생각하지만 기대는 별로 하지 않는다. 현재도 PC나 휴대폰 등이 있어서 불편함 없이 생활하고 있지만 22세기에는 더욱 편리한 것이 많이 늘어날 것이라 예상할 수 있다.

**B**

세대와 국경을 넘어서 사람들을 여전히 매료시키고 있는 '도라에몽'. 도라에몽에 등장하는 수많은 비밀도구는 22세기에 실현될까? 현실적인 물건으로 만들려고 하는 첨단과학 기술력에서 보면 미래를 아주 가깝게 느낄 수가 있다. 그러나 꿈과 공상의 세계로만 끝나는 것도 생각할 수 있다. 나로서는 꿈은 계속해서 크게 가지고 싶기 때문에 도라에몽과 완전히 똑같은 것을 재현하는 것은 어렵지만 그것과 비슷한 로봇이나 비밀도구는 일반가정에 한, 두 대는 존재할 것이라고 생각한다.

**PART1**

1. 一般家庭にロボットは存在すると言っている。
2. 半分以上は完成している段階にある。
3. 先端科学技術の取り組みから見る点。
4. ドラえもんに似たロボット。

# 내가 좋아하는 말

말에는 마음을 차갑게 만드는 말과 마음을 따뜻하게 만드는 말이 있습니다. 비관적인 말, 사람을 나무라는 말은 상대뿐 아니라 본인의 마음도 차갑게 합니다. 반대로 밝은 말, 감사의 말, 상대를 칭찬하는 말을 하면 자신도 상대도 마음이 따뜻해집니다. 싫은 일이 있어서 차갑게 굳어진 마음에도 말이라고 하는 빛이 조금씩 평안과 열의를 줍니다.

## ダイアローグ

青木　정 씨는 좋겠어요. 저렇게 항상 모두와 즐겁게 이야기를 해서. 나는 정 씨가 부러워서 죽겠어요.

斉藤　무슨 일입니까? 기운이 없네요. 뭔가 고민이라도 있습니까?

青木　실은, 이번 프로젝트를 둘러싸고 모두와 의견이 대립되어 버려서……. 그래서 이 프로젝트에서 빠질까 하고…….

斉藤　그랬습니까? 그 프로젝트에는 이제 참가하고 싶지 않은 것입니까?

青木　아니오. 이건 제가 제안한 것이고 한번 관여한 이상, 끝까지 하고 싶다고 생각하고 있습니다.

斉藤　그러면 계속 해야 됩니다. 나도 고민하거나 망설이는 일이 있습니다. 그렇지만 그런 때 나는 어떤 말을 생각해 내려고 하고 있습니다.

青木　어떤 말입니까? 그것이 사이토 씨가 좋아하는 말입니까?

斉藤　그렇습니다. '앞으로'란 말인데요. 단순하지요. 스포츠를 했을 때부터 갈피를 잡지 못할 때 내 자신에게 들려줘 왔습니다.

青木　'앞으로'라……. 정말로 단순하지만 왠지 용기가 생기는 말이군요. 옆도, 뒤도 아니고 앞으로 나가는 거지요.

斉藤　그렇습니다. 뒤로 물러서면 안 됩니다. 그리고 멈춰서지 말고 '앞으로'입니다. 고민하거나 망설여질 때 떠올려 보세요. 다음 한 발이 앞으로 나가요.

## クイズⅠ

1　プロジェクトをめぐって、みんなと意見が対立してしまったからです。
2　『前へ』ということばを思い出すようにしています。

## クイズⅡ

1　風が吹く
2　成功のもと
3　一歩から
4　山となる

## パターントレーニング

1　～げ (～한 듯이) : '그와 같은 상태'를 나타내는 표현.

A : 봄은 좋네요.
B : 공원의 아이들도 기분 좋은 듯이 놀고 있습니다.
A : 앞으로 꽃도 피기 시작하겠네요.
B : 꼭 꽃구경하러 가고 싶군요.

① 가을
② 나뭇잎도 쓸쓸한 듯이 떨어져 있습니다
③ 단풍이 본격적으로 시작되는군요
④ 단풍놀이

2️⃣ **~てならない** (~매우~하다, ~해서 참을 수 없다) : 주체할 수 없을 정도의 감정을 나타내는 표현.

A : 실연했습니다.
B : 그것 참 안됐군요.
A : 보고 싶어 죽겠습니다.
B : 그렇지요. 그 기분 잘 압니다.

① 어머니가 돌아가셨습니다
② 쓸쓸해서

3️⃣ **~をめぐって** (~을 둘러싸고) : '어떤 사항을 중심으로 그 주변에서 일어나고 있는 것에 대하여'라는 의미로, 뒷절에는 '의논하다, 토론하다'와 같은 표현이 온다.

A : 기부금의 용도를 둘러싸고 이야기를 나누었습니다.
B : 그래서 정해졌습니까?
A : 예, 컴퓨터를 사기로 했습니다.
B : 그거 잘 되었군요.

① 쓰레기 문제
② 세세하게 분류하다

4️⃣ **~以上** (~한 이상) : 원인, 이유를 의미. 뒷절에는 의무, 의지의 표현이 옴.

A : 오르간 교실에 다니고 있습니다.
B : 어떻습니까?
A : 어려워서 그만두고 싶어졌습니다.
B : 다니기 시작한 이상, 일년은 하는 것이 좋습니다.

① 아로마 교실
② 즐겁고 선생님도 미인이에요
③ 그것을 들은
④ 나도 시작해야겠군요

5️⃣ **~ことなく** (~하는 일 없이) : 「~ないで」의 의미. 문장에서 주로 사용하는 딱딱한 표현.

A : 무엇을 하고 있습니까?
B : 인터넷 쇼핑이요.
A : 자주 이용합니까?
B : 네. 집에서 나올 필요없이 물건을 살 수 있으니까요.

① 독방이 있는 레스토랑을 찾고 있다
② 주변을 신경쓰다
③ 이야기

**내가 좋아하는 말**

 **A**

내가 좋아하는 말은 '일기일회(一期一会)'입니다. '당신과 이렇게 만나고 있는 이 시간은 두 번 다시 오지 않을 단 한 번 뿐인 것입니다. 그러니까 이 한 순간을 중요하게 생각하고 지금 할 수 있는 최고의 대접을 합시다.'란 의미로 다도의 첫 번째 마음가짐이라고 합니다. '만난 만큼 헤어짐이 있다'는 말도 있지만 헤어짐을 괴로운 것으로 만들지 않도록 하나하나의 만남을 소중하게 감사할 수 있다면 좋겠다고 생각합니다. 우연히 만난 사람을 배신하고 싶지 않다, 소중히 하고 싶다란 생각에서 '一期一会'를 골랐습니다.

**B**

'고맙다'는 내가 좋아하는 말 가운데 하나입니다. 이 말은 상대방에게 호의를 가지고 있지 않으면 나오지 않습니다. 이 말을 듣고 싶은 기분이 드는 사람은 없지 않을까요? 이 말 안에는 감사의 기분은 물론이고 상냥함과 존경, 위로의 기분 등 많은 의미가 내포되어 있다고 생각합니다. 솔직히 '고맙다'라고 누구에게나 기분 좋게 말할 수 있는 사람은 멋있다고 생각합니다. 아무렇지 않게 사용하는 말이지만 이 한 마디로 많은 사람들이 행복한 기분이 되는 것입니다.

**PART1**

1. 一生に一度しかない出会い。その出会いは一生に一度かぎりであること。
2. 茶道の第一の心得。
3. 出会った人を裏切りたくない、大切にしたいと思うから。
4. 相手に対する好意。
5. 感謝の気持ちはもちろん、優しさや、尊敬、いたわりの気持ちなど。

# 第3課 자원봉사

현재 우리 사회에서도 지역과 학교, 기업 등 다양한 분야에서 복지와 환경, 국제협력등 자원봉사 활동에 참가하는 사람이 급속하게 증가하여 여러 가지 형태로 확대되고 있습니다. 성숙된 사회가 될수록 돈 때문이 아니라 무상으로 남에게 도움이 되고 싶어하는 사람들이 많아진다고 합니다. 자원봉사 활동을 통해 다른 것과는 바꿀 수 없는 경험을 얻을 수 있고 인간적으로도 크게 성장할 수 있습니다. 자, 당신도 자원봉사에 참가해 보지 않겠습니까?

## ダイアローグ

井上　자, 슬슬 미팅을 시작합시다. 그럼 어제의 일본어 스터디 사항부터 할까요? 어떻습니까?

宮崎　그러지요. 어제는 일본인 대학생 자원봉사자 절반이 아무런 연락도 없이 빠져서 솔직히 난감했습니다. 예정을 변경하지 않을 수 없게 되어서 말이죠.

채　네, 주 일 회 회화 수업이니까 공부하러 오는 분에게는 대단히 귀중한 시간이겠는데요.

宮崎　정말 그렇습니다. 게다가 와 주었다고 해도 비슷한 연령 탓인지 마치 놀러라도 온 것 같이 계속해서 잡담을 하는 사람도 있었어요.

井上　그렇습니다. 공부하러 와 주신 분에게는 정말로 드릴 말씀이 없었어요. 어떻게 할까요? 어디까지나 자원봉사자니까 너무 강하게 말할 수 없는 부분도 있지요.

宮崎　아니요. 그러나 자원봉사라고 해도 맡은 이상은 책임을 가지고 해 주지 않으면 곤란해요. 최소한의 책임은 있다고 생각합니다.

井上　확실히 그렇습니다. 다음 주는 채 씨의 한국어 스터디에서 자원봉사자가 필요한데 누군가 아는 분 없습니까?

채　예에~, 몇 명 있습니다. 모두 바쁘리라 생각하지만 부탁하면 와 주지 않지는 않을 거라고 생각합니다. 모두 믿을 수 있는 사람들입니다.

井上　그렇습니까? 그거 고맙네요. 그러나 어제 그 학생들한테는 어떻게 하면 자원봉사란 것을 이해시킬 수 있을까요?

## クイズ I

**1** 年齢が近いせいか、まるで遊びにでも来たかのようにずっとおしゃべりをしている人がいました。

**2** ボランティアといえども、引き受けた以上は、責任を持ってやってもらわないと困ると言っています。

## クイズ II

**1** ○
**2** ×
**3** ×
**4** ×
**5** ○

## パターントレーニング

**1** ～にとっては (～에 있어서는) : '관점·입장에서 말하면'이라는 의미.

A : 예쁜 반지네요.
B : 어머니한테 받았습니다.
A : 그렇습니까?
B : 나에게 있어서는 제일가는 보물입니다.

① 귀여운 아기
② 첫 아이입니다
③ 우리들
④ 눈에 넣어도 아프지 않을 아이

2 **〜せいか** (〜탓인지) : 확실하지 않은 이유·원인을 나타낼 때 사용.

A : 어제 집 근처에서 불이 났었어요.
B : 그렇습니까?
A : 목조 아파트인 탓인지 매우 빨리 불에 탔습니다.
B : 그거 큰일이었네요.

① 한국요리를 먹었다
② 마늘과 고추
③ 배가 아파지고 말았습니다

3 **〜かのように** (〜것 같이) : '실제로는 그렇지 않으나 마치 〜것 같이'라는 의미.

A : 어제 집에 갔더니 마치 도둑이라도 든 것처럼 장난감이 어지러져 있었습니다.
B : 아이들이 한 겁니까?
A : 예, 최근에 장난을 좋아해서 힘듭니다.
B : 그거 큰일이네요.

① 마법이라도 걸린
② 방이 정리되어져
③ 잘 거들어 줍니다
④ 부럽다

4 **〜といえども** (〜라고 해도) : 역접조건, 일반적으로 예상되는 일과 반대되는 것을 설명할 때 사용하는 격식차린 표현.

A : 어제 여자친구와 싸움을 했습니다.
B : 들었습니다. 당신 친구가 걱정했어요.
A : 친구라고 해도 거기까지 개입하지 않았으면 좋겠습니다.
B : 그렇습니까? 그래도 당신을 생각하고 있다는 것만은 알아주세요.

① 남자친구와 마시러 갔습니다
② 어머니
③ 어머니
④ 말참견

5 **〜ないことはない** (〜하긴 하다) : 단정을 피하는 표현으로, 가능성이 있지만 문제도 많은 경우에 사용.

A : 이 일을 해 주었으면 좋겠습니다만.
B : 어렵군요.
A : 되지 않을 것 같습니까?
B : 그러나 해서 안 되는 일은 없다고 생각합니다.

① 이런 기획은 무리라고 생각합니다
② 자금만 있으면 희망이

## フリートーキング

**자원봉사 활동 체험담**

**A**

저는 대학생 때 유학생과 시민 교류를 진행하는 이벤트에 자원봉사자로 참가했습니다. 옛날부터 국제교류에 흥미를 가지고 있었던 것에서 외국인과 접할 수 있는 기회라고 생각해 신청했습니다. 30명의 유학생과 시민이 즐겁게 모인 이벤트는 무사히 대성공으로 끝났습니다. 서로 이름도 얼굴도 모르는 사람들끼리 하나의 목적을 향해 무언가를 이루었을 때의 감격은 지금도 잊지 못합니다. 이런 활동을 현 전체로 더 늘림으로써 유학생과 시민의 거리감이 줄어들고 '친구'의 폭이 더 커지면 좋겠다 하고 생각합니다.

**B**

저는 호스트패밀리 자원봉사자에 등록했습니다. 지금까지 세 명의 외국인을 우리 집으로 맞이하였습니다. 일본의 일반적인 가정생활을 체험하면서 상호이해와 교류를 돈독히 해 나가면 좋겠구나 라고 생각해서 시작했습니다. 제일 처음에는 호스트 측의 마음가짐이란 것을 잘 몰라서 두근두근, 안절부절 못하면서 기다렸습니다. 하지만 그런 불안은 아랑곳하지 않고 같은 시간을 즐겁게 보내는 사이에 자연히 허물없게 되었습니다. 좋은 관계를 쌓기 위해서는 서로 다른 문화를 흡수, 이해하는 것이 중요하다고 생각합니다.

**PART1**

1. 昔から国際交流に興味を持っていたことから、外国人と触れ合えるチャンスだと思い申し込んだ。
2. 相互理解と交流を深めていけたら良いなという思いから始めた。
3. お互いに名前も顔も知らないもの同士が、一つの目的に向かって何かをやり遂げたときの感激。
4. ドキドキ、ソワソワしながら待ち構えていた。
5. お互いに違う文化を吸収、理解することが大切だと言っている。

# 第4課 나의 호사

여러분은 어떤 때에 호사를 누립니까? '잔업시간이 아주 많아진 때' '어떤 상을 받았을 때' '다이어트에 성공한 경우' 등, 포상을 받을 가치가 있는 경우는 여러 가지가 있습니다. 어느 일정 기간 열심히 했을 때 뭔가 직접 물건을 사는 경우가 많은데 이것이 이른바 '자신에게 주는 상'이라고 불리며 자주 사용되게 되었습니다.

## ダイアローグ

정 　아까 백화점 지하에서 좀 비싸 보이는 케이크를 사고 있었는데 누구한테 줄 선물입니까? 혹시 나?

青木　아, 그거 말입니까? 유감이지만 아닙니다. 나한테 주는 선물입니다. 내 자신에게 주는 상이에요. 보너스가 나왔거든요.

정 　그런……, 선물도 상도 대개 남한테 받는 것이지요.

青木　자기한테 주면 안 되는 것도 아니예요. 요즘에는 자기한테 주는 상이 많아요.

정 　그렇습니까? 그렇지만 보통의 쇼핑과 무엇이 다릅니까? 그냥 갖고 싶은 것을 사기 위한 변명에 불과한 게 아닙니까?

青木　예에? 뭐 괜찮지 않습니까? 내일부터 다시 분발하자는 기분이 드니까요. 게다가 일만 하는 것도 왠지 쓸쓸한 점이 있지요.

정 　아~, 알았습니다. 아무도 칭찬해 주거나 "열심히 했네"라고 말해 주지 않으니까, 그 대신에 자기 자신에게 상을 주는 것이지요?

青木　짓궂네요. 그렇지만 어른이 됨에 따라 남에게 칭찬받는 일도 없어지네요. 정 씨도 자기한테 선물 같은 것 주지 않겠지만요.

정 　저요? 음~, 저는 월급날에 초밥집에 가서 좋아하는 것을 2개만 주문합니다. 그리고 그것만 먹고 후딱 돌아갑니다. 선물이라고 할까 내 작은 호사입니다. 그 정도일까요.

青木　그건 저와 마찬가지가 아닙니까?

## クイズⅠ

1 また明日から頑張ろうという気持ちになるし、働いてばかりというのも何か寂しいものがあるからです。

2 給料日にすし屋に行って、好きなものを2つだけ注文することです。

## クイズⅡ

1 ストレスを発散したい時、仕事がうまくいった時、ボーナスや給料が出た日、ダイエットに成功した時

2 おいしいものを食べに行く、服・かばん・バッグなどを買う、エステやマッサージに行く

## パターントレーニング

1 ～ながら (～지만) : 상황・상태 등을 나타냄. (이 외에 동시진행의 용법도 있음)

A : 다나카 씨가 유학 가기 위해 시험을 보았는데 …….
B : 정말입니까?
A : 그렇지만 유감스럽게도 안 된 것 같습니다.
B : 그럼 침울해져 있겠군요.

① 새삼스럽지만 유학 갈지 말지 망설이고 있다
② 가족이 마음에 걸려

2 **~というものでもない** (~라는 것도 아니다) : 그것이 타당한 것이 아니라는 의미를 포함한 부정의 표현.

A : 저 가게는 뭐든지 싸서 좋아요.
B : 하지만 요전에 산 티셔츠는 줄어버렸어요.
A : 싸면 좋다는 것도 아니군요.
B : 그렇네요.

① 사람은 뭐든지 열심
② 너무 일해서 몸을 망가뜨려
③ 열심히 하면 된다

3 **~ものがある** (~하는 점이 있다, ~하는 것이 있다) : 특징을 설명하는 표현으로, 강조·감탄의 의미가 부가됨.

A : 일전에 호텔 수영장에 갔습니다.
B : 인근 수영장에서 수영하는 것과는 또 다른 점이 있죠?
A : 그렇습니다.
B : 가끔은 나 자신에게 상을 주는 것도 좋은 일이네요.

① 아이와 공원
② 다른 집 아이가 있는 곳에서 놀게 하는 것은 어렵다
③ 여러 아이와 놀게 하다

4 **~かわりに** (~대신에) : '사람이나 물건을 대신하여'라는 의미.

A : 요즈음 감기에 걸려서 약을 먹고 있습니다.
B : 약 대신에 한약을 먹어 보는 것은 어떻습니까?
A : 글쎄요.
B : 가격은 좀 비싸지만요.

① 다이어트를 위해 쌀을 먹지 않으려 하고 있다
② 쌀을 먹다
③ 현미를 먹어 보다
④ 맛에 기호는 있습니다

5 **~にしたがって** (~에 따라서) : '동작·작용이 진행됨에 따라'라는 의미. 앞절과 뒷절에 변화 사항이 온다.

A : 신주쿠는 항상 사람이 많네요.
B : 신주쿠에 지하철 역이 늘어남에 따라서, 갈아타는 사람이 많아졌기 때문입니다.
A : 편리해졌지만, 좀 숨이 막히는 느낌이네요.
B : 그렇네요. '적당함이 중요하네요'.

① 공간이 좁다
② 세월을 거듭하다
③ 고층 빌딩이

## フリートーキング

**나의 호사**

**A**

나는 식비에 관해서는 상당히 아껴가며 자취하고 있는데 외식 날에는 '가장 싸고 양이 많은 요리를 주문해야지'가 아니라 '보통은 자취하고 있으니까 가격을 신경쓰지 말고 좋아하는 것을 먹어야지'란 주의입니다. 어쩌다가 있는 호사니까 더욱 그날그날의 절약생활도 열심히 할 수 있는 것이라고 생각합니다. 그리고 외식할 때는 즐거운 것과 기쁜 것이 있을 때 가려 하고 있습니다. 역시 식사는 즐겁게 하고 싶은 겁니다. 또한 고급요리를 먹은 때는 유명인사가 된 듯한 기분이어서 여성으로서 즐거운 순간이 아닐까요.

**B**

보통 때는 내게 무엇이 필요한지를 명확히 하기 위해 '갖고 싶은 물건 리스트'를 작성하도록 하고 있습니다. 그리고 정말로 필요한 것에만 돈을 쓰고 리스트에 없는 것은 사지 않도록 하고 있습니다. 그러나 3개월에 한 번은 나에 대한 상으로, 보통 가지 않는 가게까지 찾아가 마음에 드는 것은 자제하지 않고 사도록 하고 있습니다. 이것이 3개월에 한번 하는 내 사치입니다. 바라던 것이 이루어져 원하던 것을 겨우 살 수 있었을 때의 만족감은 호화로운 기분이 되어 기뻐서 견딜 수 없습니다.

**PART1**

1. 節約
2. 外食をして、値段を気にすることなく、好きな物を食べるようにしている。
3. 自分に何が必要かを明確にするため。
4. セレブな気持ちになる。
5. ぜいたくな気分になり、うれしくてたまらなくなる。

# 第5課 아깝다

2004년에 아프리카 여성 최초의 노벨 평화상을 받은 케냐의 환경부 장관인 왕가리 마타이 씨는 유명한 환경보호운동가입니다. 그녀는 일본말 'もったいない'를 세계에서 통하는 환경표준어로 만들려고 합니다. 뉴욕의 국제연합 본부에서 열린 위원회에서 'MOTTAINAI'라고 프린트된 티셔츠를 보이면서 '전세계에 'もったいない'운동을 펼쳐 자원을 소중하게 이용합시다'라고 호소했습니다. 그녀는 이 말과 정신이 세계로 확대되면 지구 환경문제 개선에 도움이 될 뿐만 아니라 자원이 평등하게 분배되어 테러와 전쟁 방지에도 이어진다고 말합니다.

## ダイアローグ

**斉藤** 아오키 씨 대단하네요. 항상 돌아가기 전에 전원을 껐는지 확인하거나 창문이 잠겼는지 체크하거나, 정말로 꼼꼼하네요.

**青木** 그렇습니까? 어린 시절부터 엄격하게 들어와서 습관이랄까 버릇이랄까 …….

**斉藤** 좋은 일입니다. 우리 아들은 냉장고를 열면 열어 둔 채로, 전기를 켜면 켠 채로, 물을 틀면 튼 채로라 '아깝다'거나 '절약'이란 걸 몰라요.

**青木** 그렇습니까? 하지만 시간이 지나면 반드시 알게 되지 않겠습니까?

**斉藤** 그러면 좋겠지만요. 하지만 그뿐인가, 최근에, 절약으로 내가 주의를 주면 '구두쇠'라고 합니다. 이젠 화가 나서 어찌 할 수 없어요.

**青木** 절약과 구두쇠는 상당히 다르다고 생각합니다만. 일본에서도 자주 음식점에서 음식을 남기는 것이 문제가 되는데 그거야말로 '아까워요'.

**斉藤** 그렇지요. 먹는 것이 없어지거나 단수라도 경험하지 않는 한 우리 애는 알지 못하겠지만요.

**青木** 돈도 '필요한 데는 사용한다. 그 외에는 별로 돈을 쓰지 않는다'란 것이 절약이지요. 구두쇠가 아니지요.

**斉藤** 예, 그것은 절약이라고 생각해요. 친구와 교제하거나 공부에 필요한 돈은 사용해야 한다고 생각해요. 그리고 간혹 자기한테 주는 상…….

**青木** 그래요. 나도 구두쇠란 말을 듣는 건 싫으니까요. 어떻게 하면 '구두쇠'와 '절약'의 차이를 잘 설명할 수 있을까요?

## クイズ I

1 冷蔵庫は開けっぱなし、電気はつけっぱなし、水は出しっぱなしで「節約」ということを知りません。
2 友達との付き合いや勉強に必要なお金は使うべきだと考えています。

## クイズ II

全部「ホント」です。

## パターントレーニング

1 **〜っぱなし** (〜한 채로, 〜한 상태로) : 같은 상황이 계속되고 있음을 나타냄. 주로 '좋지 않다'라고 생각하는 것에 대하여 사용한다.

A : 백화점에서 시식판매 아르바이트를 했습니다.
B : 힘들었습니까?
A : 하루 종일 선 채로 있었기 때문에 다리가 피로합니다.
B : 천천히 쉬세요.

① 아들 방 청소
② 한달 간 어지르기
③ 5 시간이나 걸렸습니다

2 **〜とともに** (〜와 함께, 〜와 동시에, 〜와 같이) : 앞절과 뒷절에 변화 사항을 설명함.

A : 최근 업무는 어떻습니까?

B : 경기 악화와 동시에 회사도 어려운 상황이 되었습니다.
A : 큰일이네요.
B : 네. 저도 더 분발하지 않으면 안됩니다.

① 사원의 성장
② 발전하여
③ 좋았다

3 **~ばかりか** (~뿐만 아니라) : '~뿐만 아니라 그 보다 더'라는 의미.

A : 가라테를 배우는 아이들이 많군요.
B : 에에, 건강에 좋을 뿐만 아니라 인격형성에도 도움이 되니까요.
A : 마음도 몸도 강해지는군요.
B : 그 말이 맞습니다.

① 유원지는 사람이
② 젊은 사람
③ 중년과 고령자도 즐길 수 있습니다
④ 어린이로 돌아가서 놀 수 있어요

4 **~てしょうがない** (~해서 어쩔줄 모르다) : '감정·감각이 너무나 ~하다'라는 의미.

A : 다나카 씨는 아직 담배를 피우고 있군요.
B : 끊고 싶어서 죽겠다고 했습니다.
A : 강한 의지가 없으면 어렵지요.
B : 그렇지요.

① 입원해서
② 상처가 아파서
③ 아직 퇴원은

5 **~ない限り** (~않는 한) : '~하지 않으면 ~하지 않는다'의 의미로 조건을 나타냄.

A : 저 맨션에 살고 싶습니다.
B : 좋은 맨션이군요.
A : 하지만 지금의 3배를 벌지 않는 한 살 수 없어요.
B : 그렇군요.

① 하마자키 아유미를 만나고 싶다
② 가수
③ 강력한 연줄
④ 만날 수 없습니다

## フリートーキング

**아깝다고 생각할 때**

**A**

저는 음식점에 갔을 때, 다 먹지 않고 반찬을 남긴 상태로 돌아갈 때 아깝다고 생각합니다. 음식점에서는 버리는 식품을 줄이는 노력의 하나로 먹다 남긴 요리를 가지고 갈 수 있는 가게도 있지만 '음식물을 낭비하고 싶지 않다'고 생각하면서도 위생이 마음에 걸려서 가지고 가는 것을 꺼립니다. 맛있는 요리를 제공하는 음식점에 대한 경의를 표하려면 전부 먹는 것이라고 생각합니다. 그것은 가지고 가면 요리가 식어 본래의 맛이 없어지기 때문입니다. 자칫 주문을 많이 해 버리기 쉽지만 먹을 수 있는 양만을 주문하도록 유의합시다.

**B**

저는 사용하지 않는 물건이나 수리하면 사용할 수 있는 물건을 버릴 때 아깝다고 생각합니다. 저는 자주 필요 없는 것을 사 버리거나 수리할 수 있지만 새 것이 갖고 싶어서 사용할 수 있는 것을 버리거나 합니다. 물건을 헛되게 하지 않기 위해 소중하게 사용하거나 필요없게 된 물건은 물려주거나 꼭 갖고 싶은 것만 사야 한다는 것을 알면서도 낭비하는 물건은 많이 있습니다. 현재는 뭐든지 손에 넣을 수 있는 세상이 되었기 때문에 물건을 소중히 하는 마음을 잊으면 안 된다고 생각합니다.

**PART 1**

1. 飲食店に行った時に全部食べきれず、おかずを残した状態で帰る時。
2. 使っていない物や修理すれば使える物を捨ててしまう時。
3. 衛生面が気になるから。
4. 物を大切に使ったり、いらなくなった物は譲ったり、どうしてもほしいものしか買わないようにする。
5. A：食べられる分だけを注文する。
   B：物を大切にする気持ちを忘れない。

# 결혼

'결혼해서 행복해지고 싶다!'라고 생각하면서도 좀처럼 멋진 만남이 없는 것이 현재 상황인지도 모릅니다. 만혼화가 진행되어 30~40대라도 독신, 평생 미혼인 사람도 늘고 있습니다. 멋진 결혼을 하고 싶으면 결혼활동인 '혼활(婚活)'을 하지 않으면 결혼할 수 없는 시대가 되었으며 그 같은 가운데서 '결혼 예비 학교'도 탄생했습니다. 이번에는 그런 '결혼'과 '혼활'에 대해 이야기를 나눕시다.

## ダイアローグ

青木: 수고하셨습니다. 먼저 실례하겠습니다.

정: 아, 저도 이제 돌아가니까 함께 나갑시다. 아니? 어딘지 멋을 부린 느낌이 드는데 지금부터 일정이라도 있는 겁니까?

青木: 예, 실은 이제부터 맞선 파티에 갑니다.

정: 예! 아오키 씨 결혼하는 겁니까?

青木: 아니, 아니에요, 그러기 위한 활동이에요. 「혼활(결혼활동)」이란 거지요. 지금 시기부터 크리스마스에 걸쳐서는 이런 파티가 늘어나요.

정: 아~, '취활(취업활동)'은 알지만 '혼활'이란 대단하네요. 그런데 그 파티는 결혼상대를 찾는 것을 목적으로 한 파티입니까?

青木: 그렇습니다. 일이 바빠서 좀처럼 만남이 없지 않습니까? 그래서 '결혼활동'을 한다면 그런 곳에 적극적으로 참가하는 게 최상이라고 생각해서요.

정: 저도 실은 지금부터 미팅입니다. 일본에 온 뒤로 줄곧 여자친구가 없어서 친구가 보다못해 불러 주었어요.

青木: 미팅에는 자주 참가하십니까?

정: 아니오, 오늘이 처음입니다. 그래서 여러 가지 배우려고 해서 친구네로 갔어요. 그런데 여러 가지 들어봤더니 배려를 할 수 있는 사람이 인기가 있다고 하는데 정말입니까?

青木: 저는 한류 드라마에 나오는 자상한 남자를 만나고 싶어요.

정: 예? 그렇다면 여기에도 있지 않습니까? 바로 눈 앞에.

## クイズⅠ

1. パーティーに参加したりして、結婚のための活動をすることです。
2. 日本に来てからずっと彼女がいなかったチョンさんを友達が見るに見かねて誘ってくれたからです。

## クイズⅡ

「使ってはいけないことば」
1. 入れる    2. 進む    3. お開きにする

「贈ってはいけないもの」
1. 「縁を切る・裂く」をイメージするから
2. 「割れる」をイメージするから

## パターントレーニング

1 ～から～にかけて (~부터 ~에 걸쳐서) : 시간・공간 등의 막연한 범위를 나타냄.

A : 일본에서는 어떤 요리가 인기가 있습니까?
B : 가을부터 겨울에 걸쳐서는 역시 전골요리가 아닐까요?
A : 그렇군요.
B : 몸이 따뜻해져요.

① 10대에서 20대
② 불고기
③ 스태미너가 생깁니다

2 **〜を〜とした** (〜을 〜로 한) : '〜을 〜로 결정한·생각한'의 의미

A : 심플라이프에 가지 않겠습니까?
B : 심플라이프란 게 뭡니까?
A : 수입잡화를 중심으로 한 생필품 가게 입니다.
B : 그렇습니까? 꼭 가보고 싶습니다.

① 치료
② 테마
③ 마사지

3 **〜に限る** (더할 나위 없다, 최상이다, 제일이다) : '〜이 제일 좋다'라는 평가가 반영된 경우 사용 (한정의 표현으로 '〜에 한하다'라는 의미도 있음)

A : 이 수박 맛있군요.
B : 충분히 차가워져서 더위도 날리겠는데요.
A : 역시 여름은 수박이 최고네요.
B : 동감입니다.

① 전골
② 몸이 속부터 따뜻해집니다
③ 겨울은 전골

4 **〜かねる** (〜다 못해) : '〜하는 것이 불가능하다·곤란하다'라는 의미.

A : 우리 아이는 옷을 입는데 아주 시간이 걸립니다.
B : 아직 어리기 때문이지요.
A : 보다 못해 도와 주게 됩니다.
B : 조만간 할 수 있게 됩니다.

① 요즈음 내 말을 들어 주지 않습니다
② 제멋대로
③ 참다 못해 아이를 큰소리로 꾸짖게
④ 분별합니다

5 **〜たところ** (〜했더니) : 계기를 나타내는 표현. 뒷절에는 앞절에 대해 의외의 사항이 온다.

A : 어제 여자친구 생일이었습니다.
B : 뭔가 주었습니까?
A : 꽃을 주었더니 반지가 좋다고 했습니다.
B : 그건 그래요.

① 한국 친구가 왔습니다
② 어딘가에 데려가
③ 신주쿠에 데려갔다
④ 아사쿠사

## フリートーキング

**대리결혼**

### A

옛날에도 중매 이야기를 마음대로 진척시키는 부모님과 친척이 있었습니다. 그와 같다고 생각하면 나는 어느 쪽이냐면 찬성할 수 있습니다. 최종적으로 결혼할지 말지는 본인의 자유이고 약간 동기는 되기 때문에 나쁘다고는 할 수 없습니다. 또한 '내가 혹시 독신이었으면'이라 생각하면 현재 하는 일로 상대를 찾는데 있어서도 좀처럼 시간도 기회도 낼 수 없기 때문에 무방하다고 생각합니다. 부모님은 자식의 결혼을 지켜보기까지 '죽을래야 죽을 수 없다'라고 자주 말씀하시는데 자식을 위해 해 주고 있다고 생각하면 결혼을 하고 싶어도 할 수 없는 사람에게 있어서는 고마운 일인지도 모릅니다.

### B

부모님의 기분을 생각하면 동의할 수 있는 부분도 있지만 역시 제 자신의 결혼상대는 스스로 찾고 싶습니다. 내 일생을 결정하는 중요한 일이기 때문에 부모님한테 맡겨서 결혼한 경우 장래 이혼할 가능성도 있다고 생각합니다. 결혼하고 싶지 않은 자식을 억지로 결혼시키는 것은 자식을 위하는 것이 아니라고 생각합니다. 또한 제 경우는 이상이 상당히 높은 것은 아니지만 부모님이 바라는 사람과 내가 바라는 사람이 다르기 때문에 부모님이 소개시켜 준 사람을 좋아하게 될 수가 없습니다. 하지만 부모님이 자식을 위한다고 생각해서 해 준다는 데에는 감사의 기분으로 가득합니다.

**PART 1**

1. 多少のきっかけになる点。
2. 自分の結婚相手は自分で探したい。
3. 将来離婚する可能性もある。
4. 子供の結婚を見届けるまでは、「死んでも死にきれない」から。
5. 親が求めている人と私が求めている人が違うから。

# 20대와 30대와 40대

일본의 어느 조사에서 '지금의 생활을 한자 한 글자로 표현해 주세요'라고 물었더니 1위 '楽', 2위 '苦', 3위 '幸'의 순이었습니다. 연령대별로 보면 20대·30대는 '楽'이 1위로 '생계는 결코 즐겁지 않으나 가족과 매일 즐겁게 보낼 수 있으니까'라는 것이 이유였습니다. 40대는 '苦'가 1위인데 '수입에 비해 자녀의 교육비 등으로 지출이 늘어나 솔직히 괴롭다.' 등의 이유를 들었습니다. 연령에 따라 특징이 있지만 각 연령 별로 생활하는 방식에 대해 생각하는 것이 중요하다고 할 수 있겠지요.

### ダイアローグ

斉藤　생일 축하합니다. 음, 스물 아홉 살이 되는건가요. 내년부터 저와 같은 30대군요. 기다리고 있겠습니다.

青木　예. 30대는 기대되는군요. 나한테 어떤 일이 생길까해서.

田村　그러기 위해서 20대 동안 일은 물론, 노는 것이고 뭐고 어쨌든 여러 가지 경험을 하는 것이 좋다고 생각해요. 현재 일은 즐겁습니까?

青木　예, 아주요. 하지만 친구 중에는 결혼과 출산을 계기로 회사를 그만두는 사람도 있어서 왠지 아깝다는 생각이 듭니다. 물론 각기 사정이 있는 건 알지만요.

斉藤　그래요. 사회 시스템에도 문제가 있지요. 30대는 20대의 경험을 살려서 열심히 일 할 수 있으니까요. 아 참! 선배님 30대에 해 두고 싶은 일이 있습니까?

田村　글쎄요. 집은 사 두는 편이 좋지 않을까요? 그렇지만 지금도 해야합니다. 다음으로 체력단련. 이건 누구나 말하고 있지요.

斉藤　크게 물건을 사는 한편, 저금도 해야 한다니 빠듯하겠네요.

田村　40대가 되면 거기에 더해 아이들 교육비란 것이 있어요. 대학생이 된 다음에도 돈을 보내 주지 않으면 안 되고.

斉藤　30대, 40대는 뭔가 할 때마다 돈이 들 거라고 생각해서 각오는 하고 있지만……. 아니, 40까지는 앞으로 5년이나 있으니까 꾸준히 저금할 겁니다.

田村　하지만, 40은 순식간이에요. 30이 되었다고 생각해 깨닫는 순간 이미 40이 되버렸으니까요.

青木　두 분의 이야기 매우 참고가 되었습니다. 앞으로 1년 20대를 즐기겠습니다.

### クイズⅠ

1. 結婚や出産を契機に会社を辞める友達に対してです。
2. 30代、40代は何かにつけてお金がかかるだろうということを覚悟しています。

### クイズⅡ

1. ぐんぐん
2. すらすら
3. はきはき
4. もりもり

### パターントレーニング

1. **～を契機に** (를 계기로) : '～이 계기·전환점이 되어'의 의미.

A : 회사의 업적이 그다지 좋지 않습니다.
B : 긴축경영을 계기로 좋아질 거라고 생각해요.
A : 그렇게 되기를 기대하고 있겠습니다.
B : 천천히 경기가 회복할 거에요.

① 차가 좀처럼 팔리지 않습니다.
② 휘발유 값의 인하
③ 팔리다
④ 서서히 팔리기 시작해요.

② **～一方で** (～하는 한편으로) : 하나의 사건이 다른 두 가지의 양상을 나타냄.

A : 신문을 읽고 있습니까?
B : 예. 여기에 재미있는 기사가 있어요.
A : 어떤 내용입니까?
B : 대학진학률이 느는 한편 학력은 저하되고 있다고 합니다.

① 잡지
② 의학부 인기가 높아지다
③ 의사의 과로가 문제가 되고 있다

③ **～に加え** (～에 더해) : '거듭됨, 추가'를 나타냄. 회화문에서는 「～に加えて」도 많이 사용

A : 이 방향제 대단해요.
B : 냄새가 좋네요.
A : 향에 대해서 항균작용까지 높습니다.
B : 그건 대단하네요.

① 신입사원
② 사진의 인상만으로도 느낌이 좋습니다
③ 커뮤니케이션 능력
④ PC기술

④ **～につけて** (～하거나 하면, ～할 때마다, ～에 관련하여) : '～을 할 때에'라는 의미로 뒷절에는 자발적·자연적으로 그렇게 되는 것을 설명함.

A : 벚꽃은 좋군요.
B : 벚꽃을 볼 때마다 졸업식이 생각납니다.
A : 저도 그렇습니다.
B : 추억의 꽃이지요.

① 김치
② 김치를 먹다
③ 어머니
④ 어머니의 맛

⑤ **～と思ったら** (～이 되었다고 생각하자) : 두 가지의 사건이 거의 동시에 일어나는 것을 말 할 때 사용. 또한 그것에 대하여 의외라는 느낌을 나타낼 때 사용.

A : 대학생이 되었다 싶더니 벌써 사회인입니까?
B : 벌써 2년이 됩니다.
A : 세월이 흐르는 건 빠르군요.
B : 정말이네요.

① 결혼했다
② 아이가 둘
③ 큰 아이가 세 살

## フリートーキング

**해 두는 편이 좋은 것**

**A**

20대에 해 두는 편이 좋은 것은 자격증을 따는 것, 그것과 되도록 저축을 해 두는 것이라고 생각합니다. 결혼해서 아이가 생기면 나가는 돈이 많아집니다. 큰 부자는 되지 못한다고 해도 돈 때문에 곤경에 처하지 않는 생활을 하려면 역시 20대부터 저축을 하는 것이 중요하지 않을까요? 또 공부를 하는 것은 물론이고, 시간이 있는 이상은 여기 저기에 직접 찾아다니며 다양한 사람을 만나 여러 가지 경험을 하는 것도 중요하다고 생각합니다. 20대에 되도록 많은 경험을 함으로써 30대부터 알찬 인생을 보낼 수가 있는 것이라 생각합니다.

**B**

일과 가정, 혹은 다른 분야에서 인생을 충실하게 하고 싶다고 생각하는 것이 30대가 아닐까요. 30대에 일도 인생도 인간관계도 모든 것에 있어서 충실하게 해 두고 싶은 겁니다. 앞이 잘 보이지 않는 세상에서 뒤처지지 않도록 '결혼을 할까' '아이를 낳을까' '지금 직장에 계속 있을지' 등 장래의 일도 생각하면서 스스로 결정한 방향으로 나갈 필요가 있다고 생각합니다. 그러기 위해서는 10대, 20대에 습득한 지식과 기술을 살려서 경력 향상을 목표로 하는 것과 일 이외에도 인간관계를 넓혀 가는 것이 앞으로의 인생에도 도움이 된다고 생각합니다.

**PART 1**

1. あちこちに足を運んで、色々な人に出会い、多くの経験をすることも大切である。
2. 多くの経験をすること。
3. 仕事も人生も人間関係も全てにおいて充実させておきたい。
4. 「結婚するか」「子どもを産むか」「いまの職場に居続けるか」など、将来のことも考えながら、自分で決めた方向に進んで行く必要がある。
5. 10代、20代で習得した知識や技術を活かす。

# 第8課 배려

일본사람들이 소중히 여기는 것으로 '배려'가 있습니다. '배려'를 사전에서 찾으면 '타인의 신상과 심정에 마음을 나누어 주는 것. 또 그 기분.'이라고 되어 있습니다. 하지만 지금은 자기 일만으로도 버거워 남의 일을 생각할 여유가 없어지기 쉽습니다. '배려'는 사실 간단한 것인데 아쉽습니다. 그 배려를 남에게 전하려면 어떻게 하면 좋을까요? 이번에는 '배려'에 대해 이야기해 봅시다.

## ダイアローグ

채 : 첫 한국여행 어땠습니까? 재미있는 일 같은 거 없었습니까?

宮崎 : 글쎄요. 아! 하나 있었습니다. 지하철에서 있었던 이야기입니다만.

채 : 지하철이요? 일본과 같지요? 만화를 읽는 사람도 있고 자는 사람도 있죠. 지하철은 어디나 다르지 않지요.

宮崎 : 자, 들어주세요. 제가 큰 짐을 양손에 들고 자리에 앉아 있는 할머니 앞에 서 있었어요. 그랬더니 그 할머니가 자기 무릎을 톡톡 치는 거에요. 저를 보면서.

채 : 아~, 알았습니다. 무릎 위에 짐을 놓으라는 것이지요.

宮崎 : 아마 그것이라고 생각합니다. 하지만 처음에는 전혀 몰랐습니다. 저한테 할머니 무릎 위에 앉으라고 하는 거라고 생각했습니다.

채 : 설마. 자리를 양보하면 짐을 무릎 위에 놓아 주는 사람도 있으니까요. 미야자키 씨 자리를 양보해 준 게 아닙니까?

宮崎 : 예에. 매너니까요. 하지만 최근에 일본에서는 전철 매너가 나쁜 사람이 많아요. 남의 눈도 신경 쓰지 않고 큰 소리로 떠들거나 젊고 건강한 주제에 나이 든 사람한테 자리를 양보하지 않거나…….

채 : 그런 걸 보면, 나라면 한마디 주의를 주지 않고는 견딜 수 없습니다.

宮崎 : 그렇지요. 나는 이번 할머니 일을 통해서 이것이 친절과 배려라는 것이라고 생각했어요. 일본에서는 좋은 일을 해도 좀 창피하거나 부끄럽지요…….

## クイズⅠ

1. おばあさんのひざの上に荷物を置きなさいということだったと思っています。
2. 人目もかまわず大声で騒いだり、お年寄りに席を譲らなかったりで、マナーが悪くなっていると思っています。

## クイズⅡ

1. ホント
2. ホント
3. ウソ 「青函トンネル」1988年営業開始。
　　　全長53.85km 海面下240m
4. ウソ 最短で67分

## パターントレーニング

1. ～も～ば、～も～ (～고, ～거니와) : 병렬 중에서 특히 변화·변형을 나타냄.

A : 어제 호텔 뷔페 요리를 먹으러 갔습니다.
B : 어떤 요리가 있었습니까?
A : 일식도 있고 양식도 있었습니다.
B : 굉장하군요.

① 저는 신문기자입니다
② 일을 하는 겁니까
③ 취재
④ 디자인도 하거나 합니다

2 **~もかまわず** (~도 상관치 않고) : '~을 신경쓰지 않고' 라는 의미.

A : 앗! 어떻게 된 것입니까?
B : 좀 전에 벽에 페인트를 칠했습니다.
A : 그래서 이렇게 벽이 깨끗해진 것입니까? 대단하네요.
B : 옷이 더러워지는 것도 상관치 않고 열심히 칠했기 때문입니다.

① 영화 무대인사로 톰 클루즈가 왔다
② 싸인을 받을 수 있었다
③ 수치도 소문
④ 달려들었습니다

3 **~くせに** (~주제에) : 역설적인 표현으로 뒷절에는 비난하는 감정이 나타남.

A : 여동생은 작은 주제에 농구를 하고 싶어 합니다.
B : 좋아하는군요.
A : 네. 꽤 고생하고 있는 것 같습니다.
B : 하지만 스포츠를 하는 것은 좋은 일이네요.

① 남동생은 지다
② 장기
③ 노력
④ 머리를 쓰다

4 **~ないではいられない** (~지 않고는 견딜 수 없다) : 의지로 아무리 해도 참을 수 없음을 나타냄.

A : 여자친구가 내일부터 전시회를 합니다.
B : 그럼 가 주지 않고는 견딜 수 없겠네요.
A : 내일 보러 갔다 오겠습니다.
B : 예, 다녀오세요.

① 아버지 건강 상태가 나쁘다
② 걱정하
③ 친가에

5 **~というものだ** (~라는 것이다) : '일반적으로 ~ 다'라는 의미를 나타냄.

A : 오타 씨의 여자친구, 미인이네요.
B : 하지만 무슨 생각을 하고 있는지 몰라서.
A : 그것이 소녀의 마음이란 것이에요.
B : 그렇군요.

① 화장을 지우면 다른 사람입니다
② 현실

## フリートーキング

**配慮とは？**

**A**

　제가 생각하는 '배려'란 상대방의 입장에 서서 매사를 생각할 수 있는 것이라고 생각합니다. 친한 사람들끼리야말로 '배려'는 중요한데, 사람의 마음이 한번 상처를 입으면 지금까지 쌓은 관계는 평생 되돌릴 수 없다고 하기도 합니다. 상대방을 돌보면서 상대방에 대해 어떻게 하는 것이 좋은지를 잘 생각할 필요가 있다고 생각합니다. 위선이라든가 '고맙다'란 말을 듣고 싶어서 하는 것이 아니라 그 사람을 진심으로 도와주고 싶다고 생각한 다음에 발언・행동하는 것이 배려가 아닐까요?

**B**

　'배려'란 상대방의 입장에 서서 진지하게 생각해 주는 것, 그리고 자신이 받아서 기쁜 것을 상대방에게도 하는 것이라고 생각합니다. 자기가 받아서 싫은 것은 상대방도 마찬가지입니다. 자신이 받아서 기쁜 것을 상대방에게 해 주면 물론 기뻐합니다. 사소한 것인지도 모르지만 식사를 함께 했을 때 컵 한 잔의 물을 따라주기만 해도 배려입니다. '자기만 좋으면 된다'고 생각하는 것이 아니라 타인에게도 관심을 보이고 조금이라도 신경쓰고 배려를 함으로써 웃는 얼굴이 넘치는 세상이 되는 것이 아닐까요?

### PART1

1. 相手の立場に立って考えること。
2. これまで築いた関係が一生取り戻せないという可能性もある。
3. その人を本気で助けたいと思う気持ちでする。
4. 自分がされてうれしいことを、相手にしてあげると喜ばれる。
5. 他人にも関心を向けて、少しでも気遣いや配慮をすること。

# 사람 관찰

세상에는 여러 종류의 사람들이 있습니다. 남자, 여자, 아이, 어른……. 그리고 각각의 사람들은 성격도 사고방식도 버릇도 다릅니다. 자기 자신은 물론이고 이웃 사람과 주변 사람에게도 관심을 가지고 바라다 봅시다. 틀림없이 여러 가지 발견이 있을 겁니다. 이번에는 그런 인간관찰에 대해 이야기를 나누어 봅시다.

## ダイアローグ

**채** 저, 전철 안에는 여러 사람이 있네요. 나는 사람 관찰하는 것을 좋아해서 자주 보고 있어요.

**宮崎** 재미있나요? 모르는 사람을 관찰해서.

**채** 재미있어요. '이 사람 신입사원이 틀림없어'라든가 '이 사람 싸움했네'라든가 관찰하면 여러 가지를 알 수 있어요.

**宮崎** 음~, 다음에 해 볼까? 아! 전철 안이라고 하면 샐러리맨이 전철 안에서 게임을 하는 것 어떻게 생각합니까?

**채** 아~, 오늘도 전철을 타고 오는데 앉을까 말까 하는 사이에 이미 게임을 시작한 사람이 있었지요. 나는 좀 신경이 쓰입니다.

**宮崎** 그렇습니까? 우리 오빠가 회사에서 주의를 받았던 것 같습니다. 하지만 통근시간은 길고 일도 힘든 데 비해 급여는 오르지 않고, 그 정도는 괜찮지 않을까 생각하는데요. 스트레스 쌓여요.

**채** 응~, 하지만 전철 안에서는 여러 사람들이 보고 있으니까요. 폐만 끼치지 않으면 된다고 하는 것도 아니지 않습니까?

**宮崎** 다음으로 화장도 자주 문제가 됩니다. 그건 어떻게 생각합니까?

**채** 내 개인적인 생각으로는 역시 화장은 집에서 하고 오는 편이 좋다고 생각해요. 아침에는 바쁘겠지만요.

**宮崎** 나는 별로 신경이 쓰이지 않았지만 오늘 놀랍게도 흔들리는 전철 안에서 선 채로 화장을 시작한 사람을 보았습니다. 그건 좀…….

## クイズⅠ

1. 通勤時間が長く、仕事も大変なわりに給料が上がらないから、それくらいいいのではないかと思っています。
2. 化粧は家でしてきた方がいいと思っています。

## クイズⅡ

1. カーブを通過します
2. 長い座席は7人掛け、短い座席は3人掛けです
3. 足を投げ出したり、組んだりされますと
4. 小さく折りたたんでお読みくださいますよう

## パターントレーニング

**1** ~に違いない (~임에 틀림없다) : 강한 확신을 나타내는 표현.

A : 요즈음 겨울이라도 따뜻하군요.
B : 강도 별로 얼지 않게 되었습니다.
A : 온난화의 영향임에 틀림없네요.
B : 그렇네요.

① 눈도 적고
② 동북 사람들의 생활도 편해졌다

**2** ~か~ないかのうちに (~하자마자, ~한지 ~하지 않은지 하는 사이에) : 같은 동사를 반복하여 '거의 시간이 지나지 않아'라는 의미를 나타냄.

A : 굉장한 줄이네요.
B : 예, 여기 치즈 케이크가 큰 인기라서 오후가 되자마자 다 팔려버려요.
A : 그 얘기를 들으니 더욱 먹고 싶어졌습니다.
B : 어서 우리도 줄을 섭시다.

① 하마자키 아유미 콘서트
② 발매 시작부터 한 시간 지나자마자
③ 콘서트에 가고 싶어

3 **~わりに** (~에 비해) : '일반적으로 생각되어지는 기준에 비교하여'라는 의미.

A : 점심은 도시락으로 합시다.
B : 좋지요.
A : 이곳 도시락은 그릇이 작은데 비해 많이 들었어요.
B : 기대됩니다.

① 다카오산에 오르기
② 그 산은 높다
③ 누구나 오를 수 있다

4 **~からすると** (~에서 보면) : 판단의 근거를 나타냄.

A : 합격발표를 보고 왔습니다.
B : 그 모습을 보니 합격했군요.
A : 예, 알았습니까?
B : 물론이에요.

① 유원지에 다녀
② 복장
③ 디즈니랜드

5 **~ことに** (~한 것으로, ~하게도) : 뒷절에 설명하고자 하는 내용에 대한 감정을 앞절에서 미리 설명할 경우에 사용하는 표현.

A : 사법시험은 봤습니까?
B : 예, 놀랍게도 전날 공부한 것이 나왔어요.
A : 그건 운이 좋았네요.
B : 다음은 결과를 기다리는 것뿐입니다.

① 예식장은 예약해
② 행운인
③ 예약이 비어있었다
④ 식

## フリートーキング

**사람 관찰**

### A

　저는 통근 전철 안에서 사람 관찰을 하게 됩니다. 아마 이 사람은 '이런 삶을 살아왔을 것이다' '오늘은 기분이 나쁜 것 같다' 등과 같은 제멋대로의 상상을 하면서 보고 있습니다. '사람 관찰을 좋아한다' 고 하면 싫어할 것 같지만 자기가 부족한 부분을 다시 생각하거나 할 수 있어서 재미있습니다. 또 전철 안이면 아이에서 어른까지 다양한 사람들이 있어서 패션 체크도 할 수 있습니다. '저 사람 멋쟁이네' '저 사람이 가지고 있는 가방, 귀엽네' 등 멋 내는 공부도 하고 있습니다.

### B

　저는 저도 모르는 사이에 사람을 관찰하는 적이 자주 있습니다. 특히 지하철을 기다리고 있을 때나 지하철 안에서 모두 무슨 생각을 하고 있는 것일까 하고 궁금해서 보게 됩니다. 하지만 그때 그 사람과 눈이 마주쳐 버리면 초조해지고 멋쩍어집니다. 전철 안에서는 공간적으로 여유가 있고 차분하게 관찰을 할 수 있기 때문에 아주 제멋대로의 상상을 하게 되어 버리는 거겠지요. 말투, 표정에는 그 사람 특유의 표현방법이 있고 사람은 첫인상으로 정해진다고 하는데 그 말대로라고 생각합니다. 눈 앞에 있는 사람이 무엇을 생각하고 있는지 '표정' '동작' '언동' 등에서 추리하기만 해도 재미있습니다.

### PART 1

1. 自分の足りない部分を考え直したりすることもできる点。
2. 見ていた人と目が合ってしまうから。
3. 子供から大人まで様々な人がいる。
4. その人特有の表現方法がある。
5. 目の前にいる人が何を考えているのか「表情」「動作」「言動」等から推理するだけでもおもしろい。

# 第11課 오늘의 운세

당신은 점을 믿습니까? 사람의 인생은 태어날 때부터 운에 지배되며 생년월일, 시간, 혈액형, 성명 등이 운세에 영향을 준다고 생각하는 사람도 있고, 인생은 자신의 의지와 노력에 의해 개척해 가는 것이라고 생각하는 사람도 있습니다. 인생에는 오르막길인 때도 있거니와 내리막길인 때도 있습니다. 자신의 힘으로 바꿀 수 있는 것도 있고 아무리 해도 바꿀 수 없는 것도 있습니다. 이번에는 우리 인생과 운세에 대해 이야기를 나눕시다.

## 🦉 ダイアローグ

青木 정 씨 빨리 빨리요! 회의가 벌써 시작됐어요. 어라? 우산을 안 쓰고 왔습니까?

정 예. 늦어서 죄송합니다. 역시 오늘 저 최악인 것 같습니다.

青木 무슨 일입니까? 최악이라니요. 아니 정 씨답지 않네요. 무슨 일입니까?

정 아침에 우연히 TV로 오늘 운세를 보았습니다. 그랬더니 '오늘은 무엇을 해도 잘 안 된다'라고 써 있어서……

青木 그래서 그렇게 기운이 없는 것이군요. 정 씨 그런 것 믿나요?

정 그럴 것이 흐린 날은 대개 우산을 갖고 옵니다만, 갖고 오지 않는 날에만 비가 오고, 서두르는 날에만 승강장에 도착하면 전철은 막 떠나고…….

青木 우연이에요. 그보다 빨리 수건으로 닦고 회의실로 가세요. '오늘의 운세'라고 말하면 안 돼요.

정 예, 압니다. 운세란 건, 변명에 지나지 않으니까요. 회의에서 그런 말은 하지 않아요.

青木 그래요. 사과할 때는 제대로 사과해야 해요. 자, 힘내! 다녀오세요!

ー 회의가 끝나고 ー

青木 회의 어땠습니까? 아니! 아직도 기운이 없네요.

정 그게…… 긴장한 나머지 '오늘의 운세가'라고 말해 버렸습니다. 역시 저의 오늘은 최악입니다.

### クイズⅠ

1. 傘を持っていない日に限って雨は降り出し、急いでいる時に限ってホームに着いたら電車は出たばかりだったりしたからです。
2. 緊張のあまり言ってしまいました。

### クイズⅡ

・金　運ー台所　　・健康運ートイレ
・仕事運ー玄関　　・恋愛運ー浴室

＊一般的には次のように言われることが多いようです。
・台所はその家全体の金運を支配する。
・トイレは汚れが目立つ場所で、ここに悪い気がたまりやすい。
・仕事運は玄関から入ってくる。
・浴室は1日の悪い気を洗い流す。

## 🧑 パターントレーニング

1. ～わけだ (～하기 때문이다, ～함이 당연하다) : 원인, 이유가 있어 '～하는 것은 당연하다'라는 의미를 나타냄.

A : 그 상처 어떻게 된 것입니까?
B : 개를 산책시키다가 끌려가서 넘어지고 말았습니다.
A : 개가 힘이 더 세기 때문이군요.
B : 네. 잠깐 방심한 탓에……

① 평소의 시계
② 아침에 시간이 없어 깜빡하여

③ 늦잠잤다
④ 어젯밤 무리했다

2 **~に限って** (~에만) : 앞절에는 특히, 바람직하지 않은 일이 일어난다고 여겨지는 경우의 표현이 온다.

A : 아아, 어째서, 이게 뭐야.
B : 무슨 일입니까? 갑자기 소리를 지르고.
A : 중요한 문서 작성 중에만 컴퓨터가 작동하지 않아요.
B : 그렇습니까? 하지만 백업은 해 두었지요? 괜찮아요.

① 장면　　　　　　② 골을 못넣다
③ 아직 전반전

3 **~にほかならない** (바로~이다) : '그 이외에 없다' '바로 그 자체다'와 같이 강한 단정을 나타냄.

A : 무슨 일입니까? 그렇게 어두운 얼굴을 하고……
B : 어머니께 심하게 야단맞아서……
A : 어머니가 아이를 야단치는 것은 바로 애정이 있기 때문이라 생각합니다.
B : 그런가요. 하지만 기분은 우울해질 뿐이에요.

① 최근에 너무 먹어서 살쪄
② 식욕이 있다는 것은 건강한 증거

4 **~ことだ** (~해야 한다, ~것이다, ~것이 가장 좋다) : 자기가 생각하기에 그것이 가장 좋은 것이라고 추천·충고하는 표현.

A : 대학원에 갈지 취직할지 망설이고 있습니다.
B : 부모님은 뭐라고 말씀하십니까?
A : 대학원에 가기를 바라시는 것 같습니다.
B : 부모님의 기대를 저버리지 말아야 합니다.

① 하이브리드 카를 살지 보통 차로 할지
② 사모님
③ 보통 차를 사고 싶다
④ 사모님의 희망을 들어주어야

5 **~のあまり** (~한 나머지) : 이유를 말하는 표현으로 그 이유가 극단적으로 도를 넘은 것을 나타낸다.

A : 저 사람은 남편을 갑자기 교통사고로 잃었습니다.
B : 그거 안됐군요.
A : 너무 슬픈 나머지 머리가 하얗게 세어 버렸습니다.
B : 그랬습니까? 인생이란 알 수 없는 것이네요.

① 소식불통인 친구를 시내에서 우연히 만났습니다.
② 깜짝 놀라　　　　　③ 기쁜
④ 꽉 끌어안아

## フリートーキング

**점을 믿는다? 믿지 않는다?**

저는 아침에 TV프로에서 하는 별자리 점을 보는 것이 일과가 되었습니다. 결과가 좋지 않을 때는 신경을 쓰지 않고 있습니다. 거꾸로 결과가 좋았을 때는 하루 종일 행복한 기분으로 있습니다. 점 하나로 무언가가 결정되는 것은 아니지만 자기의 새로운 길이 보이게 되는 것 같은 느낌어서 믿습니다. '좋은 결과라면 이렇게 분발해야지' '나쁜 결과라면 여기를 주의해야지'라는 식으로 점을 근원으로 어디까지 노력할 수 있을지를 생각해 유효하게 이용하면 점을 보는 것은 결코 나쁘지 않다고 생각합니다.

**B**

저는 어린 시절에는 점을 매일 아침 TV에서 보았습니다. 어떤 채널에서는 최악이라고한 제 별자리가 다른 채널에서 보면 그렇게 나쁘지 않은 것입니다. 결과가 다른 그때부터 믿을 수 없게 되었습니다. 누구든지 자기 장래에 불안과 희망을 가지고 있고 그것이 어떻게 되어 가는지를 알기 위해 점을 보는 사람들이 많지만, 마지막에는 본인이 결정하는 것입니다. 저는 점에 좌우될 게 아니라 스스로 운명을 바꾸는 계기를 만드는 것이 자신에게 플러스가 된다고 생각합니다.

### PART 1

1. 結果が良くない時は気にしないようにして、逆に結果が良かった時には、1日中ハッピーな気分でいられる。
2. チャンネルによって、結果が違ったから。
3. 自分の将来に不安と希望を持っていて、それがどのようになっていくのか知りたいから。
4. 「良い結果ならこう頑張る」、「悪い結果ならここを注意する」、というように、占いをもとにどこまで努力できるかを考えて有効に利用すること。
5. 自分で運命を変えるきっかけを作ることが自分にとってプラスになる。

# 지진

일본은 지진이 많은 나라입니다. 그 때문에 예전부터 여러 대책과 대비를 해 왔습니다. 직장과 학교 등에서도 정기적으로 대피 훈련을 해서 만약의 경우에 동요하지 않고 침착하게 행동할 수 있도록 하고 있습니다. '재해는 잊었을 때 찾아온다'란 말도 있지만 어느 정도의 대비를 해 놓으면 당황할 일은 없겠지요.

## ダイアローグ

**田村** 그러면 대피 훈련을 실시할지 말지 여부인데 정말로 필요할까요? 훈련하는 것보다 나은 것은 없다고는 생각합니다만.

**斉藤** 아니요, 해야 합니다. 큰 지진은 언제 발생해도 이상하지 않으니까 우리 회사에서도 대피 훈련은 필요하다고 저는 생각합니다.

**田村** 그건 그렇습니다만, 이 바쁜 시기에 할 것은 아니라고 생각합니다만.

**斉藤** 그러나 여기는 22층입니다. 대피할 때, 엘리베이터는 사용하지 못하니까 어디에서부터 어떻게 대피할지는 알아 둘 필요가 있습니다.

**田村** 22층이라면 쓰나미 걱정은 없지만요. 그러면 구체적으로 뭔가 대피 훈련에 대한 계획은 있습니까?

**斉藤** 예, 우선 실제 훈련에 앞서서 여러분에게는 지진 직후에 취해야 할 행동을 DVD로 설명해 두겠습니다. 이것은 지진이 발생하면 책상 아래로 대피하든가 출입구를 열든가 하는 것입니다.

**田村** 그러고 보니 최근에는 긴급 지진 속보라는 것이 있어서 우리들은 지진이 발생하기 전에 알 수 있다고 들었습니다만.

**斉藤** 그렇지만 속보를 듣고 나서 지진이 발생하기까지의 시간은 몇 초에서 몇 십초라고 해서……, 앗! 흔들리고 있어요. 지진이네요. 여러분 책상 밑으로!!

―약 일 분간 지진―

**斉藤** 꽤 흔들렸네요. 진도가 3이나 4정도일까요? 이 정도의 지진이어도 역시 순간 어떻게 해야 좋을지 모르게 되네요.

**田村** 언제쯤 대피 훈련을 할까요.

### クイズⅠ

**1** いいえ、「避難訓練するに越したことはない」と思っています。

**2** 実際の訓練に先立って、地震直後にとるべき行動をDVDで説明します。

### クイズⅡ

**1** ウソ　丈夫な机やテーブルの下に入り、揺れが収まるのを待ちます。

**2** ホント

**3** ウソ　無理して火を消しに行くと危ないので、揺れがおさまるまで待ちます。

**4** ウソ　オフィスビルの窓ガラスや看板などが落下するおそれがあるので、できるだけビルから離れます。

## パターントレーニング

**1** ～に越したことはない（～보다 나은 것은 없다）
: '(상식적으로)～하는 것이 좋다'라는 의미로 약간 강한 권고 표현.

A : 내일 산에 올라갑니다. 오랜만이라 좀 긴장됩니다.
B : 그러면 제대로 소지품을 다시 확인해 보는 편이 좋습니다.
A : 뭐 그렇게 말해도 간단한 산이니까 괜찮습니다.
B : 만반의 준비를 하는 것보다 더 좋은 것은 없습니다. 그런 속 편한 소리가 대형사고로 이어지는 겁니다.

① 차로 바다에 갑니다 　② 차 점검을 제대로 했다
③ 가깝다 　　　　　　　④ 제대로 점검하다

**2** **~ことから** (~것에서, ~라는 사실로부터) : 앞 내용을 원인·이유로 하는 표현으로, 신문과 격식을 갖춘 문서에서 사용.

A : 이 지하철 이름은 '오에도선'이라고 합니까?
B : 예, 도쿄가 옛날에 '에도'라고 불린 것에서 이 이름이 되었습니다.
A : 그렇군요. 확실히 지역의 특징에 어울리는 이름이군요.
B : 꼭 한번 이용해 보세요.

① 큐슈는 별명을 '온천 왕국'
② 큐슈는 온천이 많다　　③ 방문해

**3** **~において** (~에있어서) : '어떤 영역에서' '그것에 관해서'란 의미.

A : 이 프로젝트에 있어서 검토 필요성을 느낍니까?
B : 예, 느낍니다. 지금 이대로는 안 된다고 생각하고 있었습니다.
A : 무엇을 검토하면 좋다고 생각합니까?
B : 우선은 비용 삭감과 가격이라고 생각합니다.

① 가정 　　　　　　② 가사분담
③ 분담 　　　　　　④ 설거지와 청소

**4** **~際** (~때) : 「~とき」의 격식 갖춘 표현으로 뒷절에는 적극적인 의지표현이 온다.

A : 방을 고를 때 어떤 것을 중요시합니까?
B : 글쎄요. 우선 햇볕이 잘 드는 것과 역에서 가까운 것이겠지요.
A : 그렇군요. 가격은 별로 신경 쓰지 않습니까?
B : 물론 신경은 쓰지만 마음에 드는 것이 더 중요하다고 생각하고 있습니다.

① 옷 　　　　　　　② 재질이 좋음
③ 색깔

**5** **~に先立って** (~에 앞서서) : '~을 시작하기 전에'라는 의미의 딱딱한 표현.

A : 신혼생활에 앞서 부동산 중개업소에 다녀왔습니다.
B : 그렇습니까? 그래서 좋은 곳을 찾았습니까?
A : 예, 처음에는 고생했지만 몇 곳인가 발견했습니다.
B : 그건 잘 되었군요.

① 역사소설을 쓰다　② 도서관
③ 자료　　　　　　④ 몇 권

## フリートーキング

**지진대책**

**A**

지진이 일어났을 때는 우선 몸의 안전을 최우선시 합니다. 서둘러 책상과 테이블 밑에 몸을 숨기거나 가구가 적은 방으로 이동합니다. 책상과 테이블이 없는 경우가 있는데 그때는 방석과 책 등으로 머리를 보호합니다. 또 가족의 안전을 확인하기 위해 말을 겁니다. 언제 어디에서 지진을 만나더라도 당황하지 않도록 지진 대책에 대해 유념해 두었으면 합니다.

**B**

여하튼 우선은 신체 안전 확보가 제일이라고 생각합니다. 과거 지진 데이터에 의하면 큰 흔들림은 1분 이상이나 계속되는 것은 아니라고 들었습니다. 만일 눈 앞에서 불을 사용하고 있었던 경우, 흔들림이 적은 경우에는 바로 불을 끄도록 합니다. 그러나 흔들림이 심한 경우에는 흔들림이 멎은 뒤에 불을 끄고 가스 밸브도 잠그는 식으로 행동을 한다고 생각합니다. 무엇보다 우선은 당황하지 말고 침착하게 행동할 수 있도록 하고 싶습니다.

**PART 1**

1. 身の安全確保。
2. 机やテーブルの下に身を隠したり、家具の少ない部屋へ移動する。
3. 大きな揺れは1分以上も続かないと言っている。
4. 揺れがおさまってから火を消す。
5. 落ち着いて行動できるようにしたいと言っている。

# 第13課 라이벌

자신과 동등하거나 혹은 그 이상의 힘을 가지고 경쟁하면서 서로를 향상시킬 수 있는 상대를 라이벌이라고 합니다. 어떤 경쟁관계에 있어서 바람직한 상태의 변화를 촉진시키는 존재라고 할 수 있습니다. 라이벌 관계로 유명한 것은 야구로 말하자면 자이언트와 타이거즈가, 근대사에서는 영국과 프랑스와 같이 여러 측면에서 대항의식을 불태워 열강국으로 알려진 경우도 예로 들 수 있습니다.

## ダイアローグ

斉藤　겨우 이번 주도 끝났네요. 이번 주는 길었다~.
青木　예, 그렇군요. 하지만 사이토 씨 라이벌 덕분에 어쨌든 분발할 수 있었던 게 아닙니까?
斉藤　예? 라이벌? 제 라이벌이요? 아~, 정 씨 말입니까? 회사 사람들이 그렇게 말합니까?
青木　그래요. 두 사람이 라이벌이래요.
斉藤　뭐, 글쎄요. 하지만 라이벌은 있는 편이 좋아요. 라이벌이 있어서 괴로울 때도 분발할 수 있으니까요. 예전에는 이런 것 생각한 적조차 없었지만요.
青木　좋겠군요. 그런 관계의 사람이 있어서. 쫓기도 하고 쫓기기도 하고, 앞지르기도 하고 앞지름 당하기도 하는 느낌인가요. 마라톤 같아요.
斉藤　예, 라이벌 존재 없이 지금의 저는 없었다고 생각합니다.
青木　그렇습니까? 두 사람을 보고 있으면 라이벌이지만 단순한 경쟁 상대로는 보이지 않습니다.
斉藤　그렇지요. 신뢰 관계가 없으면 라이벌이라고는 할 수 없지 않습니까? 우리들한테는 있어요. 그래서 상대방을 속이면서까지 이기고 싶다고는 생각지 않아요.
青木　그런 관계가 부럽군요. 라이벌이라…….
斉藤　없습니까? 업무상 라이벌, 취미상 라이벌, 사랑의 라이벌…….

### クイズⅠ

1 ライバルがいればこそ、つらい時も頑張れるからです。

2 「追いつ追われつ、抜きつ抜かれつ」といった感じがするからです。

### クイズⅡ

1 A　お客様がB、部長がD、先輩がC
2 D　課長はA

## パターントレーニング

1 ~ばこそ（~이기에, ~이니까）: 이유를 강조하는 표현.

A : 담배는 끊으라고 몇 번이나 말해야 압니까?
B : 그렇게 하고 싶지만 좀처럼 끊을 수가 없습니다.
A : 내가 좋아서 이런 말을 한다고 생각합니까? 당신의 몸을 생각하니까 충고하는 거에요.
B : 그건 잘 압니다. 노력해 보겠습니다.

① 주말은 아이와 보내세요
② 시간을 낼 수 없다
③ 아이를 생각하니까

2 ~すら（~조차, ~마저）: 예를 들어 '다른 것은 물론'이라는 의미를 포함함.

A : 저는 비행기가 무서워서 오키나와조차 간 적이 없습니다.
B : 그건 특이하네요.
A : 배라면 괜찮지만요.
B : 그것도 좋지만 뭐든지 도전해 보는 것이 중요해요.

① 날 것을 싫어해서
② 참치
③ 먹었다
④ 새우

**3** ~つ~つ (~하기도 하고 ~하기도 하고) : 같은 시간에 같은 장소에서 일어난 것을 나타내며 두 개의 말은 반대의 의미를 나타낸다.

A : 새해 첫 참배는 어땠습니까.
B : 그것이 장소를 몰라서 왔다 갔다 해 버렸습니다.
A : 기운 넘치게 나갔는데 새해 벽두부터 고생했군요.
B : 그렇습니다. 호된 일을 당했습니다.

① 새봄 바겐세일
② 사람이 많아서
③ 밀고 밀리고 해

**4** ~なくして (~이 없이) : 「~がなかったら」의 문어적 표현.

A : 공부하는 것이 이제 싫어졌습니다. 해도해도 아무 것도 보이지 않습니다.
B : 하지만 고생없이 성공은 없어요.
A : 그렇지요. 그건 알지만 의지가 꺾였습니다.
B : 그런 말 하지 말고 이제 곧이니까 힘내세요.

① 연습
② 노력
③ 우승

**5** ~てまで (~서까지) : 목적을 위해서는 수단을 가리지 않는 것을 비난해서 '그 정도로까지 해서'란 의미를 나타낸다.

A : 무슨 일입니까? 그렇게 화난 듯한 얼굴을 하고.
B : 아까 전철에서 밀려서 나가떨어졌습니다.
A : 예? 괜찮습니까?
B : 사람을 밀치면서까지 자리를 차지하려고 하다니 심해요.

① 남자친구가 거짓말을 했다
② 나한테 거짓말을 하면서
③ 술자리에 가다

## フリートーキング

**업무상의 라이벌**

**A**

매달 영업상의 숫자 경쟁을 하고 있는 동료가 있습니다. 그는 일은 빠르고 요소 요소에서의 판단이 정확해서 상사에게 칭찬을 들을 정도로 우수합니다. 솔직히 숫자로는 그한테 집니다. 하지만 저한테도 그에게 이길 수 있는 것이 하나 있습니다. 그것은 신규고객이 많은 그에 비해, 저는 다시 찾는 고객이 많은 것입니다. 밀도 높은 커뮤니케이션으로 고객이 원하는 것을 항상 생각하며 고객을 우선적으로 생각하는 것을 잊지 않도록 매일 열심히 일하고 있습니다. 그와는 개인적으로는 친구, 일에 있어서는 좋은 라이벌입니다.

**B**

우리 동기생은 동료끼리 선뜻 서로 가르치면서도 업무상 라이벌이기도 해서 서로 자극을 주며 경쟁하고 있습니다. 특히 저와 같은 부서에서 일하고 있는 동기가 있는데 그는 일에 열심이고 맡겨진 일은 반드시 다 해냅니다. 그를 보고 있으면 '나도 지지 말고 열심히 해야지'라고 항상 생각하며 자극을 받고 있습니다. 저는 설령 라이벌한테 졌다고 해도 라이벌한테 지는 것이 자신을 성장시켜 주는 것이라고 생각해서 매일 노력하고 있습니다. 서로 절차탁마할 수 있는 동기가 있어서 자기자신의 성장, 그리고 회사의 성장으로 이어지는 것이라고 생각합니다.

**PART 1**

1. 仕事が速く、要所要所での判断も的確で、上司から褒められるぐらい優秀な人。
2. リピートのお客様が多いこと。
3. 気軽に教え合いながらも、お互いに刺激を与え合いながら競い合っている。
4. 仕事熱心で、任せられた仕事は必ずやり遂げる人。
5. 自分自身の成長、そして会社の成長へとつながっていると言っている。

## 第14課 혼자 살기

진학·취직과 함께 혼자 살기 시작하는 사람들이 많이 있습니다. 장점과 단점이 각각 있지만 자신의 의지가 강한 지가 관건입니다. 자립심을 키우는 것은 부모에게서 벗어날 때 비로서 이루어지는 것이 아닐까요? 누구한테도 의지하지 않고 혼자서 살아 간다. 그런 때에 자기한테 큰 자신감을 가질 수가 있다고 생각합니다. 당신은 혼자서 산 적이 있습니까? 또한 해보고 싶다고 생각합니까? 이번에는 그런 혼자 사는 것에 대해서 서로 이야기 합시다.

### ダイアローグ

**채** 미야자키 씨 혼자 살기 시작했다면서요? 부러워요. 나도 전부터 혼자 살고 싶다고 생각하고 있었어요. 미야자키 씨의 경험을 토대로 뭔가 조언해 주세요.

**宮崎** 조언이요? 채 씨 내가 혼자 사는 것을 즐긴다고 생각하고 있지요? 그게 처음의 예상과 기대와는 반대로 꽤 외롭습니다.

**채** 그렇습니까? 즐겁지 않습니까? 친구를 불러서 게임을 하든 술을 마시든 아무한테도 불평을 들지 않고.

**宮崎** 즐거운 건 처음 뿐 이예요. 요전에 인플루엔자에 걸렸잖아요. 그때만큼 혼자 사는 게 불안하다고 생각한 적은 없어요.

**채** 음~ 확실히 아프면 좀 걱정이네요.

**宮崎** 그리고 그런 때에만 휴대폰이 망가지거나 하지요. 아무한테도 연락할 수가 없어서 정말로 울고 싶어졌어요.

**채** 그렇습니까? 하지만 완전히 포기할 수 없네요. 한 번이라도 좋으니까 혼자서 살아보고 싶어요.

**宮崎** 경험으로써는 좋다고 생각하지만요. 그런데 난 혼자서 사는 거 그만두고 집에서 다니려고 생각하고 있습니다.

**채** 그렇습니까? 아깝다. 그럼 내가 미야자키 씨 대신에 그 방에 살겠습니다. 괜찮지요?

**宮崎** 그런 게 가능할 리가 없잖아요.

### クイズⅠ

1. いいえ、最初の予想や期待に反して、けっこう寂しいと思っています。
2. 友達を呼んで、ゲームをしようが、お酒を飲もうが、だれにも文句を言われないからです。

### クイズⅡ

1. 「下」　5万円台
2. 「下」　20分~30分
3. 「上」　約8万円
4. 「下」　5万円台

### パターントレーニング

1. **~をもとに**（~을 토대로 하여, ~을 근거로）: '~을 재료·근거·기초로 하여'라는 의미.

    A : 예전에 살았던 동네를 보고 왔습니다.
    B : 어땠습니까? 감동했습니까?
    A : 기억을 토대로 걸어왔습니다만 완전히 변해 있었습니다.
    B : 그렇습니까? 그럼 감동이라기보다 여러 생각을 하게 된 것인가요?

    ① 영화 '하치'
    ② 실화
    ③ 만들어져

## 2 ~に反して (~에 반해서, ~와 달리) : '예상이나 기대와는 달리'라는 의미.

A : 새 재즈 앨범을 사 왔습니다.
B : 요즈음 조금씩 화제가 되고 있는 것 같지 않습니까?
A : 예, 예상과 달리 잘 팔리고 있다고 합니다.
B : 그렇습니까. 앞으로의 활약이 점점 더 기대되는군요.

① 아들의 새 회사를 보러 가서
② 겉보기
③ 안의 설비는 좋았습니다

## 3 ~(よ)うが (~하든간에) : '~도 관계없이'란 의미로 문어적인 표현.

A : 친한 친구가 갑자기 회사를 그만두었습니다.
B : 지금 이 시기에 꽤 대단한 결심을 했네요.
A : 예. 하지만 반대하며 몇 번이고 말해도 들어주지 않았습니다.
B : 어쩔 수 없네요. 뭔가 이유가 있었겠네요.

① 대학을 그만두겠다고 말을 했습니다
② 아무리 설득하고 달래도 말릴

## 4 ~ようがない (~어찌할 도리가 없다, ~할 수가 없다) : '~할 방법이 없다'라는 의미.

A : 내일은 드디어 피아노 콩쿠르군요.
B : 지금 리허설을 하고 있었습니다.
A : 자신이 있습니까?
B : 연습을 많이 했기 때문에 실패할 수가 없습니다.

① 무섭지 않습니까
② 그렇지만 여기까지 와 버려서
③ 달아날

## 5 ~にかわって (~을 대신해서) : '~의 대리로' '~과 교대로'라는 의미.

A : 오늘은 사토 선생님이 감기에 걸리셨습니다.
B : 그렇습니까? 그럼 오늘 수업은 어떻게 되는 겁니까?
A : 사토 선생님을 대신해서 제가 수업을 합니다. 갑작스러운 일로 미안하지만 이해해 주세요.
B : 건강만은 어쩔 도리가 없으니까요. 그럼 잘 부탁드립니다.

① 담당인 야마다
② 프리젠테이션
③ 야마다
④ 프리젠테이션

## フリートーキング

**혼자 살기**

### A

저는 대학생 때부터 혼자서 살고 있습니다. 대학생 때는 아르바이트비와 부모님이 생활비를 보내 주셔서 그럭저럭 살아갈 수 있었습니다. 일하기 시작하고 나서 부모님이 생활비를 보내주시지 않아 제가 번 돈만으로 살고 있습니다만 그게 아직 힘듭니다. 혼자서 사니 부모님한테 이런저런 말을 듣지 않고 놀 수 있다고 생각했는데 그것은 잘못이었습니다. 오히려 부모님 슬하에 있는 편이 놀 수 있는 게 아닌가 생각합니다. 실제 혼자서 살아 보니 가사가 힘든다는 걸 알아 부모님에 대한 감사의 마음이 싹텄습니다.

### B

집에서 생활했을 때는 혼자서 사는 것을 동경했습니다. 아무도 신경 쓰지 않고 개인적인 시간을 확보할 수 있을 거라 생각했습니다. 확실히 자유로운 시간은 많아졌습니다. 그러나 혼자서 식사하거나 텔레비전을 보거나 하는 것은 역시 외로운 것입니다. 또 병에 걸렸을 때, 다쳤을 때, 돌봐 주는 사람이 없어서 그것이 제일 힘듭니다. 집이었다면 어머니께서 간호해 주셨을 텐데 지금은 스스로 뭐든지 해야 합니다. 혼자서 산다는 것은 아무한테도 의지하지 않고 혼자서 살아가는 힘이 생깁니다.

### PART1

1. アルバイト代と親の仕送りで暮らしていた。
2. だれにも気兼ねすることなく、プライベートな時間を確保できるのだろうと考えていた。
3. 親からとやかく言われずに遊べると思っていた。
4. 病気やけがをして世話をしてくれる人がいない時。
5. だれにも頼らず、一人で生きていく力が付くと言っている。

 ## 시골 생활

'자극이 없다!'라고 생각할지도 모르는 시골 생활이지만 신록의 눈부심, 싹이 움트는 것에 몸 속에서부터 넘쳐 나오는 생명력이 끓어오르는 것을 느끼며 막 캔 산나물의 맛과 함께 심신 모두 건강해져 가는 것을 느낄 수가 있었다고 말하는 사람이 있습니다. 맛있는 공기, 물, 쌀, 야채, 술…과 같이 자연에서 채취한 것에 둘러싸여 온천에 몸을 담그고 산과 들을 달리며 바람을 느끼고 대지에 드러누워 멋진 경치에 둘러싸인 환경에서 살 수 있다면 얼마나 멋질까요? 이번에는 '시골생활'에 대해 생각해 봅시다.

### ダイアローグ

채: 안녕하세요. 후우~, 아침부터 벌써 피곤하네요. 도쿄는 좋은데 아침 러시아워만은 좋아질 수가 없네요.

井上: 채 씨도 그렇습니까? 저는 시골 출신이라 이 도시의 많은 사람들과 속도가 빠른 생활은 따라갈 수가 없네요.

채: 이노우에 씨의 고향은 큐슈이지요? 한번 가 보고 싶다고 생각하고 있습니다만 어떤 곳입니까?

井上: 음~, 큐슈는 역시 온천을 빼놓고는 말할 수 없어요. 우리 시골에서는 호텔과 여관은 말할 것도 없고 자택에서도 천연 온천을 할 수 있어요. 호사스럽지요.

채: 이노우에 씨는 어느 쪽인가 하면 도시보다 시골이 좋은 것 같군요. 저는 도시가 좋지만요.

井上: 글쎄요. 채 씨의 성격으로 보면 시골이라기 보다 도시에 맞겠네요. 번화한 곳이 좋을 같고요.

채: 예, 즐거운 것은 많고, 편리해요. 가능하면 저는 쭉 도시에서 살고 싶군요.

井上: 시골도 좋아요. 물도 공기도 도쿄와는 상당히 다르니까요. 가끔 고향에 돌아가면 잘 알 수 있어요.

채: 그럼 이노우에 씨는 언젠가 큐슈로 돌아갑니까?

井上: 나이가 들면 시골이 좋겠구나 하고는 생각하지만요.

채: 하지만 거꾸로 나이가 들수록 도시가 좋지 않습니까? 병원이라든가 슈퍼라든가 가까이에 있는 편이……

井上: 음~ 그것도 일리가 있네요.

### クイズⅠ

1 ホテルや旅館はもとより、自宅でも天然の温泉に入れることです。
2 水といい、空気といい、東京とはずいぶん違うからです。

### クイズⅡ

1 こんなにたくさん食べられないって。
2 A：「それ、私のじゃない？」。
B：「違う違う、ぜったい違う!!」
3 ちゃんと毎日予習復習しないといけないよ。
4 部長なら、今、食事していらっしゃいますけど……。

### パターントレーニング

1 ～ぬきには（～없이는）：「～なしには」와 같은 의미로 본래 '모름지기 그러한 것이 없다'라는 의미가 더해진 표현.

A：내일 술 모임에는 꼭 나오세요.
B：물론이에요.
A：오가와 씨가 없으면 모임은 신나지 않으니까요.
B：예, 노력하려고 합니다.

① 파티에는 요리를 가져 오세요
② 요리
③ 각자 음식을 가지고 모이는 파티라고는 할 수 없습니다

## 2 ~はもとより (~은 물론이고) : '~은 물론이고, 그 외에도'라는 의미.

A : 이 가게는 좋았습니다.
B : 네, 저도 그렇게 생각합니다. 여기를 고른 건 정말 잘 한 것입니다.
A : 고기는 물론이고 맛있는 술이 나오니까요.
B : 네, 정말로 좋은 가게에서 먹었습니다.

① 대학
② 학문
③ 좋은 인성을 길러 줍니다
④ 대학에 다녔습니다

## 3 ~からみると (~로 보면) : 판단의 근거를 나타내는 표현.

A : 부자가 되고 싶습니다.
B : 그렇습니까?
A : 부자가 되어서 좋아하는 것을 마음껏 사고 싶습니다.
B : 요시미 씨의 소지품으로 보면 이미 부자인 것 같은데요?

① 마르고
② 날씬해져서 좋아하는 옷을 전부 입고 싶습니다
③ 체형
④ 어떤 옷이라도 어울릴 것 같은

## 4 ~向き (~에 맞는, ~에 알맞은) : '~에 적합한'이란 의미.

A : 실례합니다.
B : 예, 어서 오세요. 어떤 책을 찾으십니까?
A : 이 안에서 초등학생 저학년에게 맞는 그림책은 어느 것입니까?
B : 글쎄요. 이쪽 것은 어떠신가요?

① 방              ② 학생
③ 방

## 5 ~といい、~といい (~이든 ~이든, ~도 ~도) : 비판과 평가의 의미를 갖는 표현.

A : 여기 점원은 별로 친절하지 않군요.
B : 말할까 말까 저도 망설이고 있었는데, 실은 저도 그렇게 생각하고 있었습니다.
A : 저 젊은 여자아이도 점장도 손님에 대한 태도는 최악입니다.
B : 정말이에요. 불만을 말해 주고 싶군요.

① 이 바디크림은 별로 좋지     ② 팔
③ 다리                          ④ 엉망이라

## フリートーキング

**시골생활**

### A

우리 집 바로 앞은 밭입니다. 조금 떨어진 곳에는 논도 있습니다. 시골은 불편한 면도 많이 있지만, 숲이나 나무가 많고 물과 공기도 깨끗하고 음식도 맛있기 때문에 저는 시골생활에 만족합니다. 불편한 점이라면, 차가 없으면 아무데도 갈 수 없는 것과 집 근처에 대형 슈퍼가 없는 것입니다. 또 멀리 나가지 않으면 유원지 등의 오락시설도 없습니다. 하지만 맑은 공기와 녹음이 풍부한 자연, 직접 키운 제철 채소를 먹을 수 있다고 생각하면 시골생활을 해서 좋구나라고 실감하고 있습니다.

### B

저는 어린 시절에는 도시생활이 편리해서 좋다고 생각했는데 나이가 먹을수록 시골생활도 나쁘지 않다고 생각하게 되었습니다. 도시는 어디에 가든 접근이 쉽고 의료, 공공기관과 여러 가지 오락시설이 많은 점이 큰 매력이라고 생각합니다. 그러나 그 이상으로 시골은 산과 바다 등의 자연이 많은 점과 시끄럽지 않고 조용하게 지낼 수가 있으며 그리고 뭐니뭐니 해도 역시 '근처 사람들과 알고 지낸다'라는 것과 같이 횡적인 유대가 있는 게 매력입니다. 자연에 둘러싸이면 마음도 온화해지고 자연과 친해지는 것이 시골의 좋은 점입니다.

### PART1

1. 自然が多く、水や空気もきれいで、食べ物もおいしいから。
2. 車がないとどこにも行けないことや家の近くに大型スーパーがないこと。また、遠出しないと遊園地などの娯楽施設がないことが不便だと言っている。
3. 田舎暮らしも悪くないと思うようになってきた。
4. 山や海など自然が多いことや騒がしくなく、静かに過ごせること。そして、「近所の人とは顔見知り」といったように横のつながりがあること。
5. 心も和み、自然と優しくなれると言っている。

# 승부복

승부복이란 '이번에야말로 꼭'인 때에 입기 위한 옷을 말합니다. 승부복은 원래 경마에서 기수 옷이 시초라고 합니다. 2000년경부터 그 의미가 퍼져서 비즈니스와 교섭 등 폭넓게 '승부하는 장면'에서 입기 위한 옷으로 사용되게 되었습니다. 당신은 승부복이 있습니까? 운을 짊어지거나, 정신적인 것인지도 모르지만 중요한 때에 복장을 바꿈으로써 마음을 다잡고 도전하려는 마음이 생기는 것이겠지요.

## ダイアローグ

青木 넥타이가 멋지네요. 불타는 빨강입니까……? 마음가짐을 나타내는군요.

斉藤 예. 오늘은 큰 계약이 성사될지 말지 하는 중요한 날이거든요. 그래서 빨강입니다. 승부의 날은 빨강으로 정해 놓고 있습니다.

青木 그렇습니까? 그렇지만 그런 때가 있지요. '오늘은 이 색이야'라고.

斉藤 예, 반드시 끝까지 힘내야지 하고 기합이 들어가지요. 반대로 좀 차분해지고 싶을 때는 파란 넥타이로 하기도 하고…….

青木 학생 때부터 그런 승부 색이라든가 승부복을 정했었습니까?

斉藤 아니오, 그건 오히려 아내 쪽입니다. 나는 사회인이 되고 나서야 비로소 마음가짐이 중요하다는 걸 알았습니다. 그래서 그것을 계속해 보니 할 마음이 생김에 따라 좋은 결과도 나오기 시작했거든요.

青木 사모님의 승부복이란 게 어떤 것입니까? 사이토씨보다 그쪽이 궁금한데요. 꼭 들려주세요. 참고로 하고 싶습니다.

斉藤 예? 음~, 불꽃놀이 때 유카타를 입고 왔어요. 거기엔 '앗'하고 생각했어요.

青木 그렇군요. 유카타라……. 그렇지만 남성은 좋겠어요. 일로 승부복을 고를 수 있어서. 우리들은 제복을 입게 되어 있으니까 고를래야 고를 수가 없어서.

斉藤 하지만 보통 때는 아오키 씨도 입고 있지요? 승부복을요. 가르쳐 주세요. 어떤 옷입니까?

青木 그건 비밀이에요. 왜냐하면 오늘이 승부라는 걸 알게 되잖아요.

## クイズ I

1. いいえ、社会人になってはじめてです。
2. いいえ、制服を着ることになっていますから、選ぼうにも選べません。

## クイズ II

1. 赤 — 外交的 活発 情熱的
2. 黄色 — リラックス 友達になりたい
3. 緑 — 優しい 穏やか
4. 青 — かたい 知的 礼儀正しい

## パターントレーニング

1. ～ぬく (끝까지 ～해내다): '어려움을 이겨내고 마지막까지 완수하다'라는 의미.

   A : 사원에게 끝까지 분발하는 정신을 가르쳐 주어야 합니다.
   B : 그건 훌륭한 일이군요.
   A : 난제를 만났을 때에는 마지막까지 분발하겠다는 마음이 중요하니까요.
   B : 포기하지 않겠다는 마음이 중요하지요.

   ① 아이한테 끝까지 해내는 힘을 북돋워
   ② 곤란
   ③ 끝까지 해내는 힘

2 **〜てはじめて** (〜하고 비로서) : '〜하고 나서 겨우'라는 의미.

A : 장미 화원에 오는 것은 처음입니까?
B : 네. 와서 보니 처음으로 이렇게 장미가 아름답다는 것을 알게 되었습니다.
A : 그렇습니까? 말을 해 보기를 잘했습니다.
B : 불러주셔서 고마웠습니다.

① 비행기를 타는
② 서른 살이 되어서
③ 비행기를 탔습니다

3 **〜に伴って** (〜에 따라서) : 앞절의 변화와 연동해서 뒷절의 사항이 변화가 생기는 것을 나타내는 표현으로 문어체적임.

A : 이 주변도 완전히 변해 버렸군요.
B : 정말이네요. 왠지 우라시마 타로가 된 기분이에요.
A : 시대의 흐름에 따라 완전히 근대화되었네요.
B : 좀 쓸쓸한 생각도 드네요.

① 쓸쓸해져서
② 인구가 줄어드는 것
③ 셔터가 닫힌 가게가 많아졌습니다

4 **〜ことになっている** (〜하기로 되어 있다) : 일상 생활의 약속에서부터 법률에 이르기까지 결정된 것을 나타내는 표현.

A : 이 학교는 목요일 아침에 달리기를 하기로 되어 있어요.
B : 그렇습니까? 몸에 좋겠네요.
A : 무엇보다도 체력이 중요하기 때문이죠.
B : 좋은 교육방침이네요.

① 보아의 새 앨범
② 대단히 잘 팔린다
③ 실력이 있습니다
④ 재 입하

5 **〜ようにも〜ない** (〜할래야 〜할 수 없다) : 「〜을 시도해도 〜할 수 없다」라는 의미.

A : 개와 고양이 중 어느 쪽이 좋습니까 라고 물으면 난처합니다.
B : 양쪽 모두 좋아하지요 ?
A : 그렇습니다. 고를래야 고를 수가 없습니다.
B : 어쩔 수가 없네요.

① 패트병이 쌓여
② 회수일은 화요일
③ 화요일까지 버릴래야 버릴 수가 없다

## フリートーキング

### 승부복

**A**

승부복은 원래 경마세계의 말로 기수가 시합에 나갈 때 위에 입는 옷을 말하는 것이라고 들은 적이 있습니다. 지금은 특별한 이벤트와 특별한 목적이 있을 때에 입고 가는 옷을 '승부복'이라고 부릅니다. 저는 색과 형태 등 저한테 어울리는 것을 고르려고 합니다만 가장 신경 쓰는 것은 '그 장소에 어울리는지 어떤지'하는 것입니다. 색은 너무 어둡지도 않고 너무 밝지도 않으며, 반드시 밝은 색을 넣어 포인트를 주도록 하고 있습니다. 승부복은 상대에게 좋은 인상을 주든가 상대를 끄는 등의 요소가 필요하다고 생각합니다.

**B**

저는 '지금이다'하는 때에 승부복을 입습니다. 승부에서 크게 내 편이 되어 주는 옷은 기분까지 상쾌해서 기합이 들어갑니다. 승부복을 입을 때는 반드시 무언가 목적이 있습니다. '오늘은 계약을 하는 날' '중요한 미팅이 있는 날' 등입니다. 이런 날에는 자신의 승부복을 선택해서 몸에 걸치는 것에 의해 일에 대한 동기를 높입니다. 이와 같이 옷에는 이상한 효과가 있다고 생각합니다. 반대로 복장이 흐트러져 있으면 그 사람의 속까지 칠칠치 못하다는 인상을 줄 가능성이 있습니다. 복장이 제대로 갖추어져 있으면 기분도 다잡아집니다.

**PART1**

1. もともと競馬の世界の言葉で、騎手がレースに出る際に、上に着る服のこと。
2. 特別なイベントや特別な目的のある時に着て行く。
3. 気持ちまでもがシャキッとして気合いが入る。
4. 「今日は契約を決める日」「大切なミーティングがある日」などに着て、仕事へのモチベーションをアップさせるため。
5. その人の中身までだらしないという印象を与えてしまう可能性があると言っている。

# 애완동물

아이가 없거나 혼자서 사는 사람이 많아지는 가운데 애완동물을 기르는 사람도 늘고 있습니다. 애완동물의 사진을 보기만 해도 마음이 위안받는 것입니다. 애완동물용 병원과 학교, 가게 등이 늘어나는 반면 기르는 것에 자신이 없어졌을 때 무책임하게 버려지는 애완동물도 늘어나고 있어 문제가 되고 있습니다. 당신은 애완동물을 기르고 있습니까? 애완동물과 함께 즐겁고 행복한 사회에 살려면 어떻게 하면 좋을까요? 애완동물에 대해 이야기를 나눕시다.

## ダイアローグ

채  어제 뉴스 봤어요? 이 근처 강에 악어가 나왔다는…….

宮崎  예에! 악어요? 그런 것이 일본 강에 있을 리가 없지 않습니까. 잘못 본 것이 아닙니까?

채  아니요, 분명히 본 것 같아요. 한창 강가를 조깅하고 있는데 갑자기 나타나서 깜짝 놀랐대요.

宮崎  에~, 무섭네요. 하지만 악어를 만나면 어떻게 하면 됩니까? 역시 죽은 척을 해야 하나?

채  그런……. 곰도 아니고, 그렇게 하면 위험해요. 문제는 어째서 일본 강에 악어가 있는가 하는 것입니다.

宮崎  글쎄요. 너무 커져서 기를 수 없게 되었기 때문에 버린 것이겠지요. 위험하고, 사료비도 들고. 그리고 공간 문제도.

채  정말 자기 멋대로네요. 이런 뉴스를 볼 때마다 그렇게 생각해요. 어린 시절에는 '귀엽다, 귀엽다'라고 하면서, 기를 수 없게 되면 버리다니. 용서할 수가 없네요.

宮崎  그래요. 좋아하는 것은 알지만 결국 버릴 거면 애당초 기르지 않으면 좋았을텐데.

채  그래요. 애완동물도 법률에 따라서 기르지 않으면 안 돼요. 그 악어도 사실은 기르면 안 되는 종류였는지도 몰라요.

宮崎  그러니까 몰래 강에 버린 것인지……. 하지만 그런 짓을 하면 생태계의 균형이 깨지지요. 애완동물을 버리다니, 문제가 크네요.

## クイズⅠ

1. 「自分勝手」、「許せない」と思います。
2. 法律やルールに基づいて飼わなければならないと言っています。

## クイズⅡ

1. ○
2. × 法律で罰せられ、30万円以下の罰金を払わなければなりません。
3. ○
4. × 鳥獣保護法や動管法(動物の愛護及び管理に関する法律)により、罰金や懲役が科せられてしまいます。

## パターントレーニング

1. ~最中に (한창~때) : 동작・상태가 한창 진행되고 있는 도중, 갑자기 다른 일이 일어나는 것을 나타낼 때 사용하는 표현.

A : 어제 한창 일을 하고 있는데 친구가 술 마시는 모임에 나오라고 했습니다.
B : 그럼 술 마시는 모임에는 가지 않았습니까?
A : 유혹에는 이기지 못해서 가고 말았습니다.
B : 역시.

① 가라오케의    ② 여자 친구로부터 영화
③ 영화          ④ 여자 친구를 만나고 싶어서

② **~ふりをする** (~인 척을 하다) : '실제로 그렇지 않은데 일부러 그와 같은 모습을 하다'라는 의미.

A : 헤어진 남자 친구를 만나면 어떻게 하면 좋을까요?
B : 모른 척 하면 돼요.
A : 그렇군요.
B : 그 다음은 눈에 띄지 않도록 달아나는 것 뿐입니다.

① 마시지 못하는 술을 권하면
② 마신
③ 본전을 뽑기 위해 막 마시지

③ **~じゃあるまいし** (~이 아니니까, ~도 아니고) : 「~ないのだから」의 의미로 강한 실망과 불만을 나타낼 때 사용.

A : 스커트가 너무 짧아요. 그런 모습으로 어디에 간다는 겁니까?
B : 지금 유행하고 있어요.
A : 어린 아이도 아니고. 시간과 장소를 잘 구분하세요.
B : 이제 일일이 간섭하지 말아 주세요.

① 화장이 진해
② 피에로

④ **~たびに** (~때마다) : '~할 때 언제나'란 의미.

A : 요즘 과거의 연애경험이 생각날 때마다 웃음이 납니다.
B : 왜 그렇습니까? 뭔가 특별한 추억이라도?
A : '어렸구나' 라고 생각해서…….
B : 그러하네요.

① 자동차를 볼
② 무서워져서
③ 교통사고를 당한 일이 있어서

⑤ **~に基づいて** (~에 기초해서, ~에 따라서) : '그것을 원인으로 해서·근거로 해서'라는 의미.

A : 이벤트 정보 기사 집필이 겨우 끝났습니다.
B : 수고하셨습니다. 그런데 개최 날짜는 어떻게 조사했습니까?
A : 홈페이지에 기초해서 썼습니다.
B : 그렇다면 틀림없겠군요.

① 역사소설
② 시대배경
③ 여러 가지 자료와 문헌

## フリートーキング

**애완동물을 기르는 이유**

**A**

애완동물을 기르는 이유는 동물을 아주 좋아하기 때문입니다. 애완동물도 가족의 일원입니다. 매일 먹이를 주고 화장실 청소 등 보살펴 주는 것도 필요해서 힘든 일도 많이 있지만 애완동물이 있음으로 해서 기분이 누그러지고 병이 치유된다는 이유로 계속 기르고 있습니다. 맨션과 아파트에서는 애완동물을 금지하는 곳이 많지만 저는 집세가 좀 비싸도 애완동물이 허용되는 집을 찾아서 기르고 있습니다. 역시 애완동물을 기를 때는 주인이 책임감을 갖지 않으면 안되며 주위 사람들한테 폐를 끼치지 않도록 하는 것이 중요하다고 생각합니다.

**B**

저는 지금까지 애완동물을 기른 적이 없지만 기르고 있는 사람들 이야기에 따르면 애완동물을 기르는 이유는 외로움을 달래기 위해서, 치유, 도움을 받기 위해서 등이라고 들은 적이 있습니다. 애완동물은 가족의 일원으로서 중요한 존재라고 생각합니다. 인간이 건강에 신경을 쓰듯이 애완동물에게도 매일 건강하게 지낼 수 있게 영양과 균형 잡힌 식사가 필요합니다. 그 때문에 애완동물의 사료를 고를 때는 애완동물의 건강을 생각해서 산다는 말도 들은 적이 있습니다. 또 애완동물을 기를 때에 여러 가지 문제가 있지만 주인 한 사람 한 사람이 매너를 지켜 기르는 것이 중요하다고 생각합니다.

**PART1**

1. 家族の一員。
2. ペット「可」のところに住んでいる。
3. 健康に気をつかっている。
4. 周りの人に迷惑をかけないようにすること。
5. マナーを守って、責任を持って飼うこと。

# 第18課 보람

당신은 어떤 때에 보람을 느낍니까? 흥미있는 일을 하고 있을 때, 목표를 달성했을 때, 주위 사람한테 인정받았을 때…등, 여러 가지가 있습니다. 사람은 자신의 존재에 가치가 있기를 바랍니다. 그것을 계속 추구하며 살고 있습니다. 그래서 주위사람의 인정이 의미를 가집니다. 목표를 달성하면 자신이 자신에 대해 OK사인을 할 수 있습니다. 주위사람도 OK사인을 보내 줍니다. 보람이란, 그것을 획득하기 위해 노력하는 과정 그 자체라고 할 수 있겠지요.

## ダイアローグ

青木　도시락이 맛있어 보이네요. 보기에도 예쁘고, 점점 실력이 늘고 있지 않습니까? 도시락 만드는 거.

斉藤　아이의 도시락도 제가 만들고 있으니까 늘게 됩니다. 뭐, 매일 남김없이 먹어 주니까 만드는 보람은 있지만요.

青木　아, 그러면 정말로 만드는 보람이 있겠네요.

斉藤　처음에는 남기기도 했는데 요즘에는 '맛있었다'고 말해 주니까 나도 전보다 더 만들 기분이 들어서……

青木　그렇지요. 나는 만들어 봤자 '맛있다'고 하면서 먹어 주는 사람이 없으니까 만드는 보람이 없어요.

斉藤　그 마음 잘 알아요. 역시 반응이 없으면 하는 보람이 없지요. 일도 그렇지 않습니까?

青木　네. 자기가 노력한 것에 의해 인정받으면 일한 보람도 있고 할 마음도 생기지만.

斉藤　그렇지요. 그 점에 있어서 우리 회사는 다행히 그런 환경이에요.

青木　예. 나한테는 아직도 부족한 점이 많지만 지금은 제 나름대로 열심히 노력할 뿐이라고 생각합니다. 그럼 저는 도시락 사 오겠습니다.

斉藤　비가 제법 내려요. 괜찮겠습니까? 다녀오세요.

—15분 후—

青木　사이토 씨! 비 오는데 간 보람이 있었어요. 우연히 부장님을 만나서 이거 사 주셨습니다.

## クイズⅠ

1 「おいしかった」と言ってくれるから、以前にもましてやる気が出てきました。

2 作ったところで、「おいしい」と言って食べてくれる人がいないからです。

## クイズⅡ

1 たよりがい (頼りがい)
2 まなびがい (学びがい)
3 いきがい (生きがい)

## パターントレーニング

1 ～かいは(が)ある (～보람) : '～한 성과・효과가 있다' '노력이 보상받다'라는 의미.

A : 여기 짐은 잘 맞기로 유명해요.
B : 와, 정말입니까? 그래서 이렇게 붐비고 있네요.
A : 하지만 기다린 보람이 있을 것이라 생각해요.
B : 정말입니까? 그러면 기다려볼까요?

① 라면은 맛있기로
② 줄 서
③ 줄 선
④ 줄 서서 먹어볼까요.

2 ～にもまして (～보다 더) : 뒷절 내용의 정도가 큰 것을 나타내기 위해 앞절의 내용과 비교하는 표현.

A : 그녀는 미인이군요.
B : 그렇지요. 전보다 더 예뻐졌네요.
A : 분명히 사랑이라도 하고 있는 것이겠지요?
B : 그럴지도 모르겠군요.

① 성적이 올랐습니다
② 지금까지
③ 좋게
④ 학원에라도 다니고 있다

3 **~たところで** (~한들, ~해 봤자) : '아무리 그와 같은 일을 해도'라는 의미.

A : 실은 3시에 이발소 예약을 했습니다.
B : 그럼 서둘러서 이발소에 가야겠군요. 회의가 길어져서 미안해요.
A : 택시를 타 봤자 제 시간에 맞추지 못하겠네요.
B : 그렇다면 전화를 해두는 편이 좋아요.

① 이제부터 선보러 갑니다
② 이발소에 갔다
③ 아무것도 달라지지 않아요
④ 그러나 청결한 느낌의 모습을 하는

4 **~によって** (~에 의해서) : 원인과 수단을 나타내는 표현.

A : 재활용은 귀찮네요.
B : 그런 말하면 어떻게 합니까? 재활용으로 지구를 살릴 수 있는 거예요.
A : 그건 좀 오버 아닙니까?
B : 그렇지 않아요. '티끌 모아 태산'이라고 하잖아요?

① 혼자 사는데 있어서 요리
② 영양 불량
③ 큰 병에 걸리는 수도 있다
④ 의식동원

5 **~なりに** (~나름대로) : '~에 걸맞게'란 뜻으로 좋은 의미로 사용된다.

A : 여름축제도 무사히 끝났군요.
B : 리더를 맡아 여러 가지로 힘들었지요?
A : 아이들도 아이들 나름대로 즐거워 했습니다. 그건 돈으로 살 수 없는 것이어서 보람을 느꼈습니다.
B : 그래요. 정말로 수고하셨습니다. 내일은 푹 쉬세요.

① 봄 캠페인이
② 제 나름대로 많은 것을 배웠습니다

## フリートーキング

**일에 보람을 느낄 때**

**A**

제가 현재 일에 보람을 느낄 때는 목표를 달성한 때와 하나의 일을 다 끝냈을 때 입니다. 스트레스와 정신적인 압박을 느끼지 않고 편하게 일할 수 있는 일이란 없습니다. 괴로운 시기, 스트레스를 느끼는 시기가 있기 때문에 그것을 극복했을 때 '보람'을 느끼는 것입니다. 또한 그것도 혼자서가 아니라 팀으로 일을 했을 때는 그 '보람'은 혼자서 일을 했을 때 보다도 두 배로 느낄 수가 있습니다. 그것은 일이 힘들 때 등 서로 상담을 하거나 격려하거나 할 수 있기 때문이라고 생각합니다.

**B**

저는 현재 일하는 방식에는 만족하지 못하지만 일하는 보람을 느끼는 때는 종종 있습니다. 그것은 고객이 기뻐한 때나 상사에게 칭찬 받은 때입니다. 저는 접객업이라서 역시 손님의 웃는 얼굴을 볼 때는 아주 기쁩니다. 또 제가 새로운 일을 상사에게 제안했을 때 몇 번이나 기각되었지만 제안을 계속한 결과 제안이 통과되어 '지금까지 애썼다'고 칭찬 받았을 때는 매우 보람을 느꼈습니다. 몇 번이나 기각되었지만, 포기하지 않는 것이 중요하다고 생각했습니다.

**PART1**

1. 苦しい時期、ストレスを感じる時期を乗り越えたとき。
2. 仕事が大変なときなど、相談に乗ったり、励ましあったり出来るから。
3. 提案をし続けた結果、提案が通り「よくここまで頑張った」と褒められた。
4. あきらめないことが大切だと言っている。

# 第19課 귀국

외국에서 자기 나라로 돌아가는 것을 '귀국'이라고 합니다. 당연히 귀국 전에는 외국에서의 생활이 있습니다. 외국생활이 짧으면 짧은 대로 길면 긴 대로 귀국은 깊은 의미를 가지겠지요. 대부분의 경우에는 외국으로의 출발이 그런 것처럼 귀국도 인생의 마디가 되기 때문입니다. 귀국이란 것은 외부에서 모국을 생각하게 되는 계기를 잡은 후, 실제로 모국으로 돌아가는 것을 의미합니다. 지금까지와는 다른 새로운 시야를 가지고 새 생활을 보낼 수 있는 첫 발을 내딛게 되는 것입니다.

## ダイアローグ

井上　그러면 채 씨의 귀국에 즈음하여 한마디 인사를 부탁 드리고 싶습니다. 채 씨 부탁 드립니다.

채　　오늘을 기해 일본에서의 유학생활을 마치고 귀국하게 되었습니다. 이노우에 부장님을 비롯해 여러분께는 공부 뿐만 아니라 생활의 사소한 점까지 신세를 지어 감사의 마음으로 가득합니다. 정말로 감사했습니다.

―짝짝짝!!―

宮崎　채 씨 귀국 후의 예정은요?

채　　일단 귀국하지만 다음은 영어공부를 하려고 해서 미국에 일 년간 유학갈 예정입니다.

宮崎　대단하군요. 저도 배워야겠네요. 미국에는 누군가 아는 분이 계십니까?

채　　아니요, 그게 아무도 없어요. 그래서 미국의 어디에 갈지도 지금부터 정해야 합니다.

井上　그럼 아직 어디로 가실지 모르는 거네요. 당연히 그쪽에 가서 방을 구해야 하는 것이네요.

채　　예, 그렇게 될 것 같습니다. 그렇지만 행선지와 연락처가 생기는 대로 여러분에게 연락하겠습니다.

宮崎　채 씨, 짐은요? 많지 않습니까? 만약 괜찮다면 제가 내일 공항까지 함께 가겠어요.

채　　아니요, 괜찮습니다. 공항까지 오시면 이별이 괴로워지니까요. 여러분 정말로 감사했습니다. 또 만나게 되기를 기대하고 있겠습니다.

## クイズⅠ

1. 勉強のことのみならず、生活面の細かいところまでお世話になりました。
2. 行き先や連絡先がわかり次第、連絡します。

## クイズⅡ

1. さくら(桜)
2. そつぎょうアルバム(卒業アルバム)
3. コンパ
4. いちごいちえ(一期一会)

## パターントレーニング

1. ～に際し（～에 기해, ～에 즈음하여）: '～에 앞서서'라는 의미로 문어적인 표현.

A : 저기, 여기 유치원에 우리 아이를 다니게 하고 싶습니다만.
B : 그렇습니까? 그럼 이쪽으로 앉으세요.
A : 예. 저 신청에 앞서 필요한 서류는 없습니까?
B : 이쪽 신청서에 기입하고 기다려 주세요. 모르는 것이 있으면 또 언제든 연락 주세요.

① 승진시험에 대해 알고 싶다
② 시험
③ 준비할 것
④ 소논문이 있으니까 준비해 보고

2 **~をもちまして** (~을 한해) : 한정을 나타내는 공식적인 표현.

A : 여보세요.
B : 네, 재팬 TV입니다.
A : 저 텔레비전 프로 관람을 신청하고 싶습니다만.
B : 어제로 접수는 종료되었습니다. 전화 감사합니다.

① 재팬 레코드
② J밴드가 해산한다는 게 정말입니까
③ 내일 콘서트
④ 해산하겠습니다

3 **~をはじめ** (~를 비롯해) : 대표적인 예를 들 때 사용하는 표현.

A : 어딘가에 좋은 학원은 없습니까?
B : 3번가 학원은 와세다 대학을 비롯해 유명 사립대학의 합격률이 높아요.
A : 그럼, 우리 애를 거기에 보내고 싶습니다. 근처면 안심도 되고요.
B : 예, 그게 좋겠군요.

① 건축자재상
② 건축자재상은 단독건물
③ 리폼까지 평판
④ 집의 리폼을 거기에 부탁하고 싶다

4 **~のみならず** (~뿐만 아니라) : '~뿐 아니라, 더 ~'란 의미.

A : 점점 더 휴대폰이 보급되는군요.
B : 그렇군요. 붐을 넘어서 생활 속에 밀착된 느낌이에요.
A : 젊은 사람뿐 아니라 나이든 사람도 사용하게 되었으니까요.
B : 정말로 대단하군요. 이렇게 될 거라고는 20년 전에는 상상도 못했습니다.

① 초밥이 인기가 높아져서　② 일본인
③ 전세계 사람이 먹다

5 **~次第** (~대로) : 동사 ます형에 접속하여 '~하면 바로'라는 의미로, 뒤에는 의지적인 표현이 온다.

A : 벌써 시간이 이렇게 됐네! 빨리 점심 먹으러 갑시다.
B : 이 복사가 끝나는 대로 갈 테니 먼저 가세요.
A : 그렇습니까? 그럼 늘 가는 가게에서 기다리고 있을 테니 빨리 오세요.
B : 예, 알았습니다. 되도록 서두르겠습니다.

① 환영회　　　　　② 일을 정리
③ 1층

## フリートーキング

**귀국 후 되돌아보며**

**A**

느긋함과 마음의 풍요함을 느끼지 않고는 견딜 수 없을 정도로 편안한 나라인 '뉴질랜드'에 1년간 다녀왔습니다. 그 1년간 느낀 것은 기다려도 아무도 도와주지 않는다는 것입니다. 모르면 '모른다'고 분명하게 말해야 어떻게 하면 좋은지 진지하게 생각해주고 충고를 해줍니다. 그리고 두 번째로 느낀 것은 뉴질랜드 사람들은 모국을 사랑하고 자연을 사랑하는 민족이라는 점입니다. 그 사람됨됨이는 그 나라 자체를 나타내고 있는 것이라고 생각합니다.

**B**

최초 일주일 정도는 좀처럼 말이 통하지 않아서 괴로움을 느꼈지만, 돌아올 때쯤에는 이 도시에 살아도 좋겠구나 라고 생각할 정도로 좋아하게 되었습니다. 뉴욕 사람들은 말을 모르는 나에 대해서도 여러 말을 걸어주었습니다. 그런 호의적인 사람들, 그리고 거리의 분위기를 좋아합니다. 또한 뉴욕이라는 거리는 스스로 행동에 옮김으로써 눈 앞에 결과가 보이게 된다는 이상한 힘을 가지고 있습니다. 결과를 두려워하지 않고 해보는 것이 장래를 위해 한 걸음 내딛게 된다는 것을 가르쳐 주었습니다.

**PART 1**

1. 大らかさと、心の豊かさを感じずにはいられないほど、やさしい国である「ニュージーランド」に行ってきた。
2. 待っていてもだれも助けてくれないということ。
3. 言葉がなかなか通じないこと。
4. フレンドリーな人々、そして、街の雰囲気が好きだと言っている。
5. 母国を愛し、自然を愛している民族であると言っている。